Para se tornar como Jesus

Coleção
JUVENTUDE

Juventude e fé – Reginaldo Carreira
Para se tornar como Jesus – Tosca Ferrante, Guido Gandolfo
e Giacomo Perego
Os jovens perguntam – José Negri

Para se tornar como Jesus

Itinerário de exercícios espirituais para jovens

Tosca Ferrante | Guido Gandolfo | Giacomo Perego

Dados Internacionais de Catalogação na Publicação (CIP)
(Câmara Brasileira do Livro, SP, Brasil)

Ferrante, Tosca
    Para se tornar como Jesus : itinerário de retiro para jovens / Tosca
Ferrante, Guido Gandolfo, Giacomo Perego ; [tradutor José Afonso
Beraldin]. -- São Paulo : Paulinas, 2012. -- (Coleção juventude)

    Título original: Per diventare come Gesú : itinerario di esercizi
spirituali per giovani
    Bibliografia.
    ISBN 978-85-356-3288-0

    1. Espiritualidade   2. Jovens - Vida religiosa   3. Meditações
4. Orações   5. Retiros espirituais   6. Vida cristã   I. Gandolfo,
Guido.   II. Perego, Giacomo.   III. Título.   IV. Série.

12-09863   CDD-269.6

Índice para catálogo sistemático:

1. Retiros para jovens : Renovação espiritual : Cristianismo   269.6

Título original da obra: *Per diventare come Gesù: Itinerario di esercizi spirituali per giovani*

© Edizioni San Paolo s.r.l. – Anisello Balsamo (MI), 2011.

Direção-geral: *Bernadete Boff*

Editores responsáveis: *Vera Ivanise Bombonatto*
Antonio Francisco Lelo

Tradução: *José Afonso Beraldin*

Copidesque: *Mônica Elaine G. S. da Costa*

Coordenação de revisão: *Marina Mendonça*

Revisão: *Sandra Sinzato*

Gerente de produção: *Felício Calegaro Neto*

Assistente de arte: *Ana Karina Rodrigues Caetano*

Projeto gráfico: *Telma Custódio*

Editoração eletrônica: *Wilson Teodoro Garcia*

---

*Nenhuma parte desta obra poderá ser reproduzida ou transmitida
por qualquer forma e/ou quaisquer meios (eletrônico ou mecânico,
incluindo fotocópia e gravação) ou arquivada em qualquer sistema ou
banco de dados sem permissão escrita da Editora. Direitos reservados.*

Paulinas
Rua Dona Inácia Uchoa, 62
04110-020 – São Paulo – SP (Brasil)
Tel.: (11) 2125-3500
http://www.paulinas.org.br – editora@paulinas.com.br
Telemarketing e SAC: 0800-7010081

© Pia Sociedade Filhas de São Paulo – São Paulo, 2012

Sumário

Introdução 7
O que são os exercícios? Alguns lampejos.................................... 9
O que colocar na mochila? Precauções e predisposições................... 11

1º Passo
Saulo e o zelo por Deus

Ponto de partida 15
Aprofundamento bíblico... 15
Vivência 17
Orientação espiritual 19

2º Passo
A grande luz

Ponto de partida 23
Aprofundamento bíblico... 23
Vivência 25
Orientação espiritual 27

3º Passo
A escola de Damasco

Ponto de partida 31
Aprofundamento bíblico... 32
Vivência 34
Orientação espiritual 36

4º Passo
A escola de Jerusalém

Glória ao pai 41
Aprofundamento bíblico 41
Vivência 43
Orientação espiritual 46

5º Passo
A escola de Antioquia

Glória ao pai 49
Aprofundamento bíblico 49
Vivência 51
Orientação espiritual 53

6º Passo
Sinais de comunhão

Glória ao pai 57
Aprofundamento bíblico 57
Vivência 59
Orientação espiritual 61

7º Passo
Interlúdio mariano

Glória ao pai 65
Aprofundamento bíblico 66
Vivência 68
Orientação espiritual 70

8º Passo
Rumo à missão

Glória ao pai 73
Aprofundamento bíblico 73
Vivência 75
Orientação espiritual 77

Ao final dos exercícios – Sair ou permanecer? 81
Apêndice 83

Introdução

O itinerário espiritual mais antigo, oferecido aos primeiros crentes em Cristo, é o traçado pelo Apóstolo Paulo e indicado claramente numa das suas cartas assinadas, na qual, com toda a paixão que o anima, ele escreve aos seus, chamando-os: "Meus filhos, por vós sinto, de novo, as dores do parto, até Cristo ser formado em vós!" (Gl 4,19). Tudo nasce de uma experiência que Paulo vive radical e fortemente em seu íntimo, traduzida com uma fórmula extremamente eficaz: "Eu vivo, mas não eu: é Cristo que vive em mim" (Gl 2,20).

Como Paulo chegou a tal certeza? E, sobretudo, qual é o itinerário que ele sugere aos seus para partilhar da riqueza e das potencialidades dessa certeza?

É justamente a tais perguntas que tentaremos responder neste livro. De propósito, porém, não escolhemos um caminho "teórico", mas o caminho "prático" e "concreto" de um percurso a ser vivido juntos. Esse percurso envolve todo o nosso ser, referindo-se não apenas à dimensão religiosa ou espiritual da nossa pessoa, mas também à dimensão humana nas suas componentes racionais (a mente), volitivas (a vontade) e afetivas (o coração). Por esse motivo, as etapas do caminho serão sempre divididas em três partes: o aprofundamento bíblico, a vivência (olhar antropológico) e a orientação espiritual.

Dois são os companheiros de viagem com quem caminharemos: Paulo, o futuro apóstolo, e Pe. Alberione, um homem de Deus do século XX, que viveu entre 1884 e 1971 e que, por primeiro, teve a intuição de colher na experiência de Paulo o único itinerário humano e espiritual completo a ser sugerido a todos os crentes em Cristo.

Vamos repassar juntos as etapas de vida de Paulo, de modo a entender como ele chegou às afirmações referidas, traduzindo a sua própria experiência pessoal num caminho necessário para o qual convidava todas as suas comunidades.

Quanto ao Pe. Alberione, vamos nos limitar a retomar um dos textos fundamentais que ele nos deixou (o título reproduz, na versão latina, o texto de Gálatas 4,19: *Donec formetur Christus in vobis*, "até Cristo ser formado em vós"), no qual, sob a forma de anotações esquemáticas, procura delinear cada um dos passos do caminho. O leitor irá encontrar no apêndice o texto tal e qual o fundador da Família Paulina nos deixou. Se é verdade que a linguagem se ressente do tempo no qual o texto foi redigido (anos 1930), a lógica que o perpassa, no entanto, é atualíssima.

O itinerário deve ser distribuído de acordo com uma programação pessoal a ser definida, vivida, retomada e, posteriormente, assumida ao longo de um ano inteiro.

Para ajudar aqueles que não estão familiarizados com a experiência dos "exercícios espirituais", predispomos antes de todo o conjunto, no começo da caminhada, algumas considerações gerais sobre os exercícios e o seu significado, todavia sem delongas. O próprio itinerário, de fato, prevê passos "iniciais" que têm como objetivo criar o clima e as disposições necessárias para percorrê-lo do começo até o fim.

O que são os exercícios? Alguns lampejos

A experiência dos exercícios espirituais começa marcada por um paradoxo: decidir parar para continuar a caminhar. Numa sociedade caracterizada por uma medida exasperada de ativismo, numa vida pessoal e religiosa que corre o risco de se transformar não num "lugar de graça", mas num ambiente do "não tenho tempo", torna-se urgente ter a coragem de *parar* para deixar-se *formar* na relação com Deus e crescer na conformação a ele.

Em primeiro lugar, os exercícios são um caminho de conversão; isso requer a passagem do protagonismo, típico do ativismo, ao abandono em Deus, disposição fundamental do discípulo; da percepção de onipotência à consciência dos próprios limites; do anonimato à relação; do "servir a si mesmos" à acolhida do amor preveniente de Deus. Pe. Tiago Alberione, fundador da Família Paulina, antevendo estas contradições, afirmava que "a luta é entre o eu que quer adorar a si mesmo, louvando-se, amando-se, servindo-se em lugar de Deus, e Deus, que quer conquistar o homem através da força do amor, vinculá-lo com laços de amor, comunicar-se e absorver o homem na divindade por amor".[1]

Os exercícios espirituais são encontro com Deus que se revela na pessoa; é ele que dá o primeiro passo, é ele que deseja fortemente encontrar o ser humano, é ele que ama com um amor piedoso e preveniente. A nossa vida não pode se reduzir apenas a algumas "coisas a fazer", mas é preciso que ponha o seu fundamento na centralidade

---

[1] A citação é extraída da obra reproduzida no apêndice e redigida, em sua primeira edição, no ano de 1932.

de Cristo: por ele e só nele podem cumprir-se as grandes obras de Deus. Obras que não serão mais fruto apenas de esforço, de vontade, de paixão ou de capacidades pessoais, mas de todos esses elementos vividos a partir da pessoa do próprio Cristo em nós.

Além disso, a decisão de parar tem por objetivo dinâmico o *for-mar-se*,[2] para pôr-se à escola de Jesus, para entregar-se a ele, para redescobrir o sentido da própria vida, para reencontrar motivações, força, respostas a perguntas do tipo: "Para quem estou me dedicando?", "Quem está amadurecendo em mim?".

Assim entendida, a proposta dos exercícios espirituais constitui a bússola usada para orientar o próprio caminho.

Cada um de nós encontra-se vivendo esta experiência na cotidianidade da sua própria história pessoal, que é história de salvação; pode ser que estejamos cansados das fadigas escolares, laborais, familiares, ou entusiastas por uma profunda experiência afetiva, relacional... talvez estejamos às voltas com feridas que ainda nos fazem mal ou com a nossa memória que já transformou em "páginas de história sagrada" as nossas experiências; talvez...

Seja qual for a situação na qual nos encontramos, este tempo é tempo de graça para nós, hoje! Este espaço que dedicamos à oração é espaço de encontro de todo o nosso ser com o Senhor da nossa vida.[3] "Minha vida atual na carne, eu a vivo na fé, crendo no Filho de Deus, que me amou e se entregou por mim" (Gl 2,20).

---

[2] Pe. Alberione gostava muito de sintetizar nesses dois verbos, ou momentos, a pedagogia formativa do Apóstolo Paulo: "Quando ele [São Paulo] chegava, não se apresentava para uma conferência ocasional; ele parava e formava: obter o consenso do intelecto, persuadir, converter, unir a Cristo, introduzir para uma vida plenamente cristã. Não ia embora enquanto não houvesse a certeza moral da perseverança nos seus" (San Paolo, outubro de 1954).

[3] Repete continuamente o Pe. Alberione: "A oração deve sempre abraçar a mente, o sentimento, a vontade e todas as atividades da jornada. É como o sangue que parte do coração, atravessa todos os membros nutrindo e vivificando o organismo todo. A oração deve impregnar todo o nosso dia e todo o nosso ser. [...] Então a nossa oração será verdadeiramente vital, isto é, total, inteira: é todo o ser que ora e se orienta para a eternidade" (Extraído da Prédica *Sulla vita comune,* de dezembro de 1960).

O que colocar na mochila?
Precauções e predisposições

A resposta à pergunta do título é imediata: a Bíblia e a vontade (muita vontade!) de escutar e de questionar-se.

E se estas predisposições estiverem faltando? Neste caso, a primeira coisa a se fazer é pedi-las, com confiança e insistência, ao Espírito, aquele que age no íntimo dos corações, plasmando-os e colocando-os em sintonia com Deus.

Pois justamente para favorecer tudo isso nos parece importante oferecer algumas orientações úteis para viver bem "o exercício da oração", primeiro grande ingrediente de uma experiência de "exercícios". Junto com isso, acrescentamos breves sugestões para um frutuoso exame de consciência, de modo a transformar a experiência do Espírito Santo em autêntico caminho de reconciliação com Deus, com nós mesmos e com o próximo.

Condição fundamental no itinerário dos exercícios espirituais é discernir para onde o Espírito quer nos conduzir. Daí a importância dos vários "exercícios de oração" que marcam o ritmo do dia e da semana.

Cada passo do caminho proposto nas páginas que seguem deve ser acompanhado por pelo menos um "exercício de oração".

Como deve ser vivido um "exercício de oração"?

A primeira coisa a se fazer é escolher um lugar de oração (uma igreja, o próprio quarto, um jardim...) que favoreça a escuta de Deus.

Neste ponto, é bom apresentar a Deus o desejo que se leva no coração (o desejo de entender melhor alguma coisa, o desejo de escutá-lo, o desejo de encontrar paz numa determinada situação... isso para estabelecer o encontro pessoal com o Senhor,[1] sem o qual tudo poderia reduzir-se a um mero exercício intelectual). Tal iniciativa predispõe para uma atitude de disponibilidade e de entrega, ativando a escuta e a abertura ao diálogo.

Pode-se, a seguir, ler o texto bíblico proposto, relê-lo, procurar entender aquilo que o Senhor quer comunicar de si mesmo (pondo-se perguntas do tipo: "O que diz este texto sobre o amor de Deus? Como Jesus o viveu?"). É o encontro da *mente* com Jesus que se apresenta como Verdade.

Depois de ter interpelado o texto, é preciso deixar que o texto interpele os aspectos da própria humanidade. Para tanto é possível confrontar-se com a proposta de reflexão antropológica indicada no presente livro. É o encontro do *coração* com Jesus, que se doa como Vida.

Tendo-se chegado a este ponto, pede-se ao Senhor a modalidade para viver no cotidiano aquilo que foi comunicado. Poderia ser útil confrontar-se com a proposta de reflexão espiritual que acompanha cada passo. É o encontro da *vontade* com Jesus, que se propõe como Caminho.

O exercício de oração é concluído com o agradecimento pela experiência feita, confiando-se a Maria, a São Paulo, a um santo particularmente querido ou a um falecido que marcou a existência da pessoa de modo particularmente positivo.

No final, convém avaliar o exercício com algumas perguntas: "Que pensamentos acompanharam a minha oração?", "Quais os

---

[1] Escreve Teófano, o Recluso: "Quando pronunciardes a vossa oração, procurai fazer com que esta saia do coração. No seu verdadeiro sentido, a oração nada mais é do que um suspiro do coração em direção a Deus; quando falta este ímpeto, não se pode falar de oração" (ŠPIDLÍK, T. *L'arte di purificare il cuore*. Lipa, 1999. p. 79. (Ed. bras.: *A arte de purificar o coração*. São Paulo: Paulinas, 2009).

sentimentos suscitados em mim: reconhecimento, alegria, medo, ânsia...?". Uma proposta de anotação/avaliação pode ser a seguinte:

Pensamentos	Sentimentos/emoções
Durante a oração, vinham-me à mente os seguintes pensamentos:	Estes suscitavam em mim os seguintes sentimentos/ emoções:
Apresentavam-se também as seguintes tentações ou distrações:	Estes suscitavam em mim os seguintes sentimentos/ emoções:

Avaliando o pensamento e o seu correspondente sentimento, pergunto-me se os mesmos favorecem ou não o "viver em mim" da parte de Cristo.

Nas primeiras vezes essa etapa poderá parecer um tanto "forçada", mas já no segundo exercício irão emergir a sua eficácia e a sua utilidade.

Um elemento importante para o caminho no Espírito é o dom da *Graça*. O sacramento que obtém este dom é a Reconciliação, cuja função é a de colocar-nos diante do amor de Deus para ajudar-nos a olhar para a nossa vida com os seus olhos, colhendo a luminosidade da nossa vocação, e quão pouco a valorizamos normalmente. Seria muito oportuno que, durante a experiência dos exercícios, cada um experimentasse a força que brota deste sacramento. Para vivê-lo bem, tornando-o um autêntico encontro com o Pai misericordioso, são necessárias algumas condições:

- O *conhecimento*. É preciso pedir o dom de conhecer a nossa própria realidade. É a ação da Graça de Deus que nos torna conscientes da riqueza dos dons recebidos e infunde-nos a consciência de carregar "este tesouro em vasos de barro" (2Cor 4,7).
- O *reconhecimento*. É importante abrir-se frequentemente ao "obrigado", colocar-se diante da própria vida, reconhecendo-se filhos amados e esperados para o abraço do Pai.
- A *consciência*. Os dois passos precedentes conduzem à consciência do próprio pecado e à consequente dor pelos mesmos. O Senhor nos pede que cooperemos com o dom da conversão, começando a chamar pelo seu nome *o* pecado, aquele que está na raiz de muitas das nossas escolhas, sinal de ingratidão e de fechamento a Deus, a si mesmo, aos outros.
- A *nova partida*. O reconhecimento do pecado não é fim em si mesmo, mas trampolim para se empenhar num caminho renovado juntamente com Jesus: "Se alguém está em Cristo, é criatura nova. O que era antigo passou, agora tudo é novo" (2Cor 5,17).

Feitos estes esclarecimentos, podemos considerar-nos prontos para partir... Desejamos a todos "boa caminhada"!

1º Passo
Saulo e o zelo por Deus

Ponto de partida

Mas eles, dando grandes gritos e tapando os ouvidos, avançaram todos juntos contra Estêvão; arrastaram-no para fora da cidade e começaram a apedrejá-lo. As testemunhas deixaram seus mantos aos pés de um jovem, chamado Saulo, e apedrejavam Estêvão, que exclamava: "Senhor Jesus, acolhe o meu espírito". Dobrando os joelhos, gritou com voz forte: "Senhor, não os condenes por este pecado". Com estas palavras, adormeceu. E Saulo estava lá, consentindo na execução de Estêvão.

Naquele dia começou uma grande perseguição contra a Igreja que estava em Jerusalém. Todos, com exceção dos apóstolos, se dispersaram pelas regiões da Judeia e da Samaria. Algumas pessoas piedosas sepultaram Estêvão e guardaram luto solene por ele.

Saulo, entretanto, devastava a Igreja: entrava nas casas e arrastava para fora homens e mulheres, para atirá-los na prisão (At 7,57–8,3).

Aprofundamento bíblico

O zelo que trai

Muitas vezes somos levados a pensar no Saulo pré-cristão como uma espécie de extremista excêntrico da religião hebraica, um jovem intolerante e duro de coração. Tal retrato não é correto. Saulo, no Novo Testamento, entra em cena como um fariseu da *mais pura estirpe*, cheio de talento e de dedicação à lei de Deus. Imbuído de boa vontade e zelo, marca presença numa das páginas de transição mais significativas das origens cristãs: aquela que leva à progressiva abertura da comunidade de uma seita interna do judaísmo a um movimento que identifica em Jesus, reconhecido como o Cristo, o seu centro vital. Em Atos 6, o crescimento dos crentes em Jerusalém obriga os apóstolos a reconfigurar a formação e a assistência aos irmãos. A presença de um número já consistente de judeo-cristãos de língua grega, mais disponíveis ao confronto com o mundo pagão, impele a Igreja-mãe a distinguir-se com maior clareza. Saulo logo percebe os seus traços e os consequentes perigos. A seus olhos resta evidente que o novo grupo pode minar na base dois princípios basilares do hebraísmo: a centralidade da lei e a importância do sistema cultual que gira ao redor do templo de Jerusalém. Para se dar conta disso basta repassar o discurso que Lucas coloca nos lábios de Estêvão. Daí a necessidade e a urgência de intervir. Saulo não se expõe, mas sustenta e encoraja aqueles que entram diretamente em ação. Isso lhe dá condições de se encontrar cara a cara com Estêvão; se até o presente momento, para Saulo, os crentes em Jesus eram apóstatas da lei de Deus, agora, em Estêvão, torna-se evidente que os crentes são pessoas nas quais Jesus revive o seu mistério de paixão e morte. Tudo, em Estêvão, lembra a morte de Jesus, como se aquela cena se repetisse, com as mesmas palavras, os mesmos silêncios, o mesmo espírito de abandono. Saulo observa em silêncio: na morte de Estêvão há o zelo pacificado de quem morre entregando-se nas mãos de Deus; no silêncio de Saulo há o zelo atormentado de quem se propõe sufocar a ação do Espírito.

Saulo por ele mesmo...

"Bem que eu poderia pôr minha confiança na carne. Se algum outro pensa que pode confiar na carne, eu mais ainda: fui circuncidado no oitavo dia, sou da raça de Israel, da tribo de Benjamin, hebreu filho de hebreus; quanto à observância da Lei, fariseu; no tocante ao zelo, perseguidor da igreja; quanto à justiça que vem da Lei, irrepreensível. Mas essas coisas, que eram ganhos para mim, considerei-as prejuízo por causa de Cristo" (Fl 3,4-7).

"Certamente ouvistes falar como foi outrora a minha conduta no judaísmo: com que excessos eu perseguia e devastava a igreja de Deus e como progredia no judaísmo mais do que muitos judeus da minha idade, mostrando-me extremamente zeloso das tradições paternas" (Gl 1,13-14).

"Sou agradecido àquele que me deu forças, Cristo Jesus, nosso Senhor, pela confiança que teve em mim, colocando-me a seu serviço, a mim que, antes, blasfemava, perseguia e agia com violência. Mas alcancei misericórdia, porque agia por ignorância, não tendo ainda a fé. A graça do Senhor manifestou-se copiosamente, junto com a fé e com o amor que estão em Cristo Jesus" (1Tm 1,12-14).

Vivência

Parar para partir de novo

Saulo era impulsionado pela boa vontade (ligada à necessidade de manifestar o seu talento) e pelo zelo (ligado à fidelidade aos valores prescritos na lei de Deus), e a sua experiência pode nos dizer muito sobre o nosso modo de amar e de nos deixar amar, sobre os obstáculos do coração que nos impedem, algumas vezes, de operar o bem na verdade.

Cada escolha nossa, cada comportamento nosso não nasce do nada, mas é fruto de um impulso interno – denominado "necessidade" – que nos leva a agir de determinada forma, traduzindo-se numa "atitude" bem precisa. E esta necessidade, por sua vez, pode ser ativada em nós também a partir daquilo que para nós é realmente importante, isto é, a partir dos "valores" que habitam em nossa vida. Aprender a reconhecer esta dinâmica de necessidades, atitudes e valores torna-se fundamental para viver uma sempre maior verdade e liberdade, para fazer com que os valores centrais da nossa vida sejam perseguidos e vividos não com base em reações e ações instintivas, mas referidos a um caminho que coloca em constante diálogo razão e coração, emoções e sentimentos etc.

Nosso crescimento humano e espiritual permanece sempre subentendido entre o desejo de felicidade e os limites, os medos, o tédio. As experiências fortes que vivemos não são algo de diferente da vida, não nos levam para longe dela, mas a ela estão estreitamente ligadas: o repouso e a ação, o pensamento e o sentimento, a dor e a alegria, a esperança e a desorientação, o entusiasmo e o cansaço, o bem e as feridas, as amizades verdadeiras e as desilusões.

Trata-se de ter um olhar realístico sobre o nosso presente para caminhar em direção a uma redefinição de nós mesmos, questionando, se necessário, nossa hierarquia de valores e lembrando que, "se Deus não ocupa o primeiro lugar, não tem nenhum lugar". Trata-se de tomar consciência, com gratidão, do dom que somos nas nossas áreas de luz e que somos chamados a nos transformar, atravessando nossas áreas de sombra. Obviamente não é questão de puro "voluntarismo"; aqui se trata de Amor, da gratuidade do Amor recebido que pede com força para ser novamente doado de forma renovada, reordenando a própria vida no presente, entre o passado olhado com gratidão e o futuro perscrutado com esperança!

Notas autorais

Com todo homem vem ao mundo algo de novo, que jamais havia existido, algo de primeiro e único. Cada um é solicitado a desenvolver e dar corpo próprio a esta unicidade e irrepetibilidade, e não, ao contrário, a refazer mais uma vez aquilo que outro – seja quem for – já realizou.

[...] É a diversidade dos homens que constitui o grande recurso do gênero humano.

[...] Cada um deve guardar e santificar a sua alma no modo e no lugar que lhe são próprios, sem invejar o modo e o lugar dos outros;

cada um deve respeitar o mistério da alma do seu semelhante e abster-se de lá penetrar com uma indiscrição impudente e de utilizar isso para os seus próprios fins; cada um deve evitar, na vida consigo mesmo e na vida com o mundo, de tomar a si mesmo por fim.

O caminho através do qual um homem terá acesso a Deus lhe pode ser indicado unicamente pelo conhecimento do próprio ser, pelo conhecimento da própria qualidade e da própria tendência essencial. Em cada um há algo de precioso que não existe em nenhum outro. Mas aquilo que é precioso dentro de si o homem pode descobri-lo só se acolher verdadeiramente o próprio sentimento mais profundo, o seu desejo fundamental, aquilo que move o aspecto mais íntimo do seu próprio ser e o orienta para Deus (BUBER, M. *O caminho do homem*: segundo o ensinamento chassídico. São Paulo: Ed. É Realizações, 2011).

Orientação espiritual

Pôr ordem na própria vida

Como ao jovem Saulo e, antes e depois dele, a tantos homens e mulheres, o Senhor dirigiu um forte convite também a um jovem que se chamava Tiago Alberione. Ele respondeu com decisão, mas não sem antes fazer alguns questionamentos; e, buscando a coerência entre aquilo que ele sentia e aquilo que ele vivia, deixou-se formar por Jesus, caminhando rumo à santidade, que nada mais é do que a estrada para sermos felizes! Ele resumiu a sua experiência num texto-base – o *Donec Formetur Christus in vobis* –, que será o fundamento do nosso percurso.[1]

A proposta do Pe. Alberione é a de caminho *decidido* atrás de Jesus e com Jesus, caminho que tem seu ponto inicial numa experiência forte de Deus que normalmente se concretiza em alguns dias de oração e reflexão, chamada "exercícios espirituais", que depois

---

[1] Por praticidade iremos indicá-lo com a sigla DFst, seguida do número da página conforme a edição brasileira: *Donec Formetur Christus in vobis*: meditações do Primeiro Mestre. São Paulo: Paulus, 2007. Tradução: Sandra Pascoalato].

continua na vivência de cada dia. O mesmo se verifica numa experiência de amor: dos instantes intensos do primeiro olhar para a relação cotidiana com a pessoa que se ama.

Hoje Jesus dirige também a nós o mesmo convite, oferecendo-nos uma oportunidade de encontro forte com ele, animado pela alegria: não a alegria ligada às tantas máscaras que colocamos e que depois, quando as tiramos, nos fazem afundar na solidão, mas a alegria verdadeira, que nos faz sentir vivos, que nos faz acolher nos dons e nas fragilidades.

Então, que itinerário pode-se projetar para viver intensamente esta experiência?

Para quem entra nos exercícios espirituais, o Pe. Alberione lembra três significativas citações da Bíblia, pelas quais se compreende que somos acolhidos pela maravilhosa família que é a Trindade:

- "É Cristo que vive em mim" (Gl 2,20): acolhe-nos por Jesus, que partilhou a nossa experiência humana e, por isso, pode compreender nosso sentir, nossas fadigas e alegrias. E ele nos acolhe de modo *puro*, mas nos pede que lhe permitamos ficar conosco, no nosso coração, para poder-nos sustentar na cotidianidade e chegar a outros através de nós.
- "concebido por obra do Espírito Santo" (Mt 1,20): acolhe-nos pelo Espírito Santo, que, em Maria, nos deu em dom Jesus; o Espírito Santo que não é um *elemento* da natureza, mas é Deus que se manifesta com os seus dons: amor, paz, alegria. Por acaso não são estes os nossos desejos? Ser amados e amar, viver na paz do coração, aprender a se alegrar também com as pequenas coisas.
- "Se alguém me ama... meu Pai o amará" (Jo 14,23): acolhe-nos o Pai, que ama cada um de modo único e irrepetível, que ternamente nos chama pelo nome, nos abraça, como ninguém pode fazer aqui na terra. Um Pai que deseja *partilhar* a sua casa para que seja a nossa casa.

A acolhida desta grande família, que é a Trindade, nos convida simplesmente a amar, deixando-nos amar. Esta é a experiência dos exercícios: exercitações, treinamento cotidiano para aprender a deixar-se amar e, assim, poder amar, por nossa vez. Esta "academia espiritual" propõe pelo menos três tipos de exercícios:

- Em primeiro lugar exercícios de *virtude*: que não são "gestos de bons cristãos", mas uma espécie de "uniformes" a nós sugeridos para fazer ressaltar toda a nossa beleza: a escuta, a paciência, a capacidade de se admirar; o desafio, aceito, de olhar para dentro de si para buscar o sentido profundo da própria vida.
- Em segundo lugar, exercícios de *oração*: estes são uma resposta ao significado que o nosso eu leva inscrito dentro de si; a necessidade que temos do Outro e dos outros para viver. A oração, portanto, como lugar de relação, encontro, pedido, gratidão, partilha da própria dor...
- Em terceiro lugar, exercícios de *pensamentos espirituais*. Trata-se de pôr em ação o dom da inteligência que sabe "ler dentro" da palavra, procurando colher o seu significado, para mim, aqui e agora, a sua beleza e o seu mistério.

Mas por que "treinar", quando se pode viver apenas como "cristãos do domingo"? É justamente aqui que se encontra a virada: os nossos exercícios não são ações voluntariosas, não nascem de um "tu deves" em sentido moralista, mas são a possibilidade para cada um de entrever aquilo que se torna possível para quem se abandona verdadeiramente em Deus, isto é, "fazer viver em nós Jesus Cristo". É o ponto central, aquilo que mais importa: que cada um de nós se torne rosto de Jesus, não "fotocópia", mas verdadeiro rosto de Jesus, lembrando que fomos criados à imagem e semelhança de Deus e por isso foi impresso em nós o seu rosto.

Para tanto é indispensável lembrar aquilo que o Apóstolo Paulo nos convida a fazer: "Depor o homem velho", ou seja, rejeitar a mentalidade egocêntrica e egoística com o estilo de vida caracterizado pelo narcisismo, pelo individualismo etc., e "revestir o homem novo", ou seja, assumir em si mesmo os traços de Cristo e partilhar os seus sentimentos. Mais uma vez é questão de Amor!

Santo Inácio de Loyola, fundador da Companhia de Jesus (os Jesuítas), convida todos aqueles que desejam "frequentar a academia espiritual" a pôr ordem em todas as dimensões da sua vida, hierarquizando interesses e atividades, para atribuir o primeiro lugar a Quem e àquilo que efetivamente merece o primeiro lugar. No fundo, trata-se de "fazer escolhas", de "ir contra a correnteza", de "tornar-se perspicazes" procurando amadurecer um pensamento próprio, uma personalidade própria, que siga não tanto as "modas do momento", mas a coerência com aquilo que estamos escolhendo nos tornar.

A experiência de exercícios espirituais, então, se torna algo de concreto, de dinâmico, que nos faz correr em direção à meta (Fl 3,12).

Neste caminho, não estamos sozinhos, mas temos alguém que está disposto a "treinar-nos" e a "treinar" conosco: o próprio Jesus, que se torna disponível em nosso cotidiano; a Mãe de Jesus, que partilha conosco a humanidade de quem escuta, sofre, se faz próximo dos mais pobres; São Paulo que, com todo o seu ser (inteligência, vontade, emotividade), encontrou e nunca mais deixou aquele Jesus que mudou a sua vida.[2]

Neste dia

Já que aceitei o desafio de frequentar a academia espiritual, faço uma lista das coisas que devo colocar na bolsa:

- Os instrumentos: Bíblia, caderno...
- Os "ambientes": em quais espaços pretendo acolher Jesus?
- O programa: esperanças, emoções, temores...
- O turno com: Jesus, Maria, o Apóstolo Paulo...

A bolsa está pronta; agora, no meu iPod, ouço um canto significativo e me ponho a caminho!

---

[2] O texto integral, que serve de base para a presente reflexão, encontra-se no apêndice (1).

2º Passo
A grande luz

Ponto de partida

Saulo, entretanto, respirava ameaças de morte contra os discípulos do Senhor. Apresentou-se ao sumo sacerdote e pediu-lhe cartas de recomendação para as sinagogas de Damasco, a fim de trazer presos para Jerusalém os homens e mulheres que encontrasse, adeptos do Caminho. Durante a viagem, quando já estava perto de Damasco, de repente viu-se cercado por uma luz que vinha do céu. Caindo por terra, ouviu uma voz que lhe dizia: "Saul, Saul, por que me persegues?". Saulo perguntou: "Quem és tu, Senhor?". A voz respondeu: "Eu sou Jesus, a quem tu estás perseguindo. Agora, levanta-te, entra na cidade, e ali te será dito o que deves fazer". Os homens que acompanhavam Saulo ficaram mudos de espanto, porque ouviam a voz, mas não viam ninguém. Saulo levantou-se do chão e abriu os olhos, mas não conseguia ver nada. Então o tomaram pela mão e o fizeram entrar em Damasco. Paulo ficou três dias sem poder ver. E não comeu nem bebeu (At 9,1-9).

Aprofundamento bíblico

"Quem és, ó Senhor?"

A revelação no caminho para Damasco é, para Saulo, o primeiro passo de uma longa viagem. A imagem que Saulo tinha de si e de Deus vira um monte de cacos e precisa ser recomposta para que possa aflorar a identidade mais profunda e mais verdadeira de Deus e do homem. O elemento central da narração de Atos 9,1-9 não é a luz que resplandece no céu ou a queda ao chão, mas a pergunta: "Quem és, ó Senhor?", que demonstra como Paulo havia perdido a chave de acesso a Deus e a si próprio. A experiência no caminho para Damasco se insere num percurso muito mais amplo, que vai além do trecho de estrada que liga Jerusalém à Síria. Esse percurso é assinalado por um evento decisivo (o apedrejamento de Estêvão); é caracterizado por uma progressão de violências que reforçam o zelo de Paulo; é marcado pela progressiva aquisição de uma identidade por parte da comunidade cristã; e, sobretudo, é perpassado pela presença do Espírito Santo. Esse mesmo Espírito, que desceu sobre os primeiros discípulos e começou lentamente, direcionando-os para além de Jerusalém, agora está pronto para abrir as portas ao mundo pagão; e, para fazer isso, agarra ninguém menos do que Saulo, o fariseu decidido a deter todos aqueles que se propõem questionar os princípios da identidade judaica, relativizando-os com a abertura ao mundo pagão e com a centralidade de Cristo. Aquilo que Paulo sente é tão forte que a sua primeira reação não é totalmente positiva: ele se encolhe no seu mundo em pedaços, engolido pela obscuridade, rejeitando aqueles meios de subsistência que lhe garantem a vida, deixando-se, por certos aspectos, morrer. A única luz que brilha nas trevas daquilo que ele estava vivendo é a oração: herança preciosa, que desde sempre o acompanha e é sinal de uma graça que, agindo nele, o torna disponível para interiorizar os vários aspectos do inesperado encontro com o Ressuscitado. Nele, o rosto de Deus e da comunidade cristã serão totalmente recompostos.

Saulo por ele mesmo...

"De fato, eu vos transmiti, antes de tudo, o que eu mesmo tinha recebido, a saber: que Cristo morreu pelos nossos pecados, segundo as Escrituras, foi sepultado e, ao terceiro dia, foi ressuscitado, segundo as Escrituras; e apareceu a Cefas e, depois, aos Doze. Mais tarde, apareceu a mais de quinhentos irmãos de uma vez. Destes, a maioria ainda vive e alguns já morreram. Depois, apareceu a Tiago; depois, a todos os apóstolos; por último, apareceu também a mim, que sou como um aborto. Pois eu sou o menor dos apóstolos, nem mereço o nome de apóstolo, pois eu persegui a Igreja de Deus. É pela graça de Deus que sou o que sou. E a graça que ele reservou para mim não foi estéril; a prova é que tenho trabalhado mais que todos eles, não propriamente eu, mas a graça de Deus comigo" (1Cor 15,3-10).

"Quando, porém, Àquele que me separou desde o ventre materno e me chamou por sua graça, agradou revelar-me o seu Filho, para que eu o anunciasse aos pagãos, não consultei carne e sangue, nem subi a Jerusalém para ver os que eram apóstolos antes de mim. Pelo contrário, parti para a Arábia e, depois, voltei ainda a Damasco" (Gl 1,15-17).

"Precisais deixar a vossa antiga maneira de viver e despojar-vos do homem velho, que se vai corrompendo ao sabor das paixões enganadoras. Precisais renovar-vos, pela transformação espiritual de vossa mente, e vestir-vos do homem novo, criado à imagem de Deus..." (Ef 4,22-24).

Vivência

Em busca do verdadeiro eu

"Quem és, ó Senhor?" A pergunta que Paulo faz no caminho para Damasco obtém um duplo efeito: a revelação de Jesus e o doloroso esfacelamento da imagem de si que envolve Paulo. E esse esfacelamento será decisivo para uma libertadora consciência da identidade profunda do seu eu.

Tudo isso se refere também a nós: como fazer para unificar as várias ou conflitantes imagens que temos ou que procuramos atribuir aos outros, dependendo do contexto? Como unificar as experiências e expressões afetivas? Como aprender a administrar as próprias emoções e sentimentos para poder caminhar na autenticidade e na liberdade?

Provavelmente se trata de situar-se bem naquilo que se vive no presente; se trata de concentrar-se sobre aquilo que acontece comigo e ao meu redor, hoje, buscando no cotidiano a luz necessária (cuidado: a luz ilumina, mas pode também "ofuscar", como aconteceu com Paulo) para compreender o próximo passo a ser dado.

Isso requer a arte de "aprender a escutar-se" para poder compreender se efetivamente estamos à escuta daquela voz que responde à nossa pergunta de sentido: "Quem és?", "Eu sou Jesus".

É necessária, com certeza, uma força que nos dê a energia para poder afrontar este momento; tal força é o Amor, que pode manifestar-se na atitude do estupor, mas também na do turbamento (pensemos em Maria, no anúncio do anjo, ou em Saulo, ao viver aquela situação de forte desconforto existencial) que criam espaço em si para as perguntas de sentido que abrem à plenitude da própria identidade, favorecendo a passagem gradual:

- do desânimo à esperança realista;
- do ativismo neurótico ao abandono;
- da preguiça ao compromisso apaixonado;
- do orgulho à humildade (que está longe da humilhação);
- da indiferença à disponibilidade em dar tudo.

"Escutar-se para escutar a Palavra" requer também a capacidade de ter uma adequada memória de si que ajuda a colocar a própria vida num *continuum* espaço-temporal que mantém juntas as experiências negativas (para Saulo, a perseguição) e as positivas (o encontro com o Ressuscitado). Trata-se de passar da memória orgulhosa de si para a memória grata, reconhecida.

Os Padres do deserto, a este respeito, reafirmavam a necessidade de "ruminar" a Escritura. Num apotegma atribuído a Antônio do deserto se diz:

> Para o camelo basta pouco alimento. Ele o conserva dentro de si enquanto não retorna ao estábulo, o traz de volta à boca, o rumina até que entre em seus ossos e em sua carne... Imitemos o camelo: recite-

mos cada palavra das santas Escrituras guardando-a em nós até que a tenhamos cumprido.

Trata-se de nutrir-nos com o alimento da Escritura para permitir às mãos de Deus, presentes na Escritura meditada e rezada, levar a cumprimento aquilo que iniciou conosco e em nós. Trata-se de "informar-nos" e "formar-nos" na escola da Palavra para que esta nos conduza pelas estradas da nossa cotidianidade. Fazer memória da nossa história com Deus, através da luz da oração, significa introduzir-nos na história de salvação pela qual já fomos gerados, juntamente com Aquele que nos amou e deu a si mesmo por nós (cf. Gl 2,20).

Notas autorais

"O que buscamos? Ó, buscamos o amor total, buscamos o cume mais alto, a beleza suprema, o amor consumado; e a terra não produz este amor porque suas fontes estão apenas no céu. O que fazer? Continuar buscando; orar com todo o fervor humilde e implorante da alma e refugiar-se nas misteriosas intimidades do coração, nas solidões sacras do espírito, e aqui deter-se em meditação e em contemplação amorosa. [...] Ore sempre por mim, pelas obras que Deus me confia; peça orações; para que o ardor da caridade queime com crescente veemência no coração; para que a lâmpada da oração e do amor emane raios ousados, vigorosos, pois só os vigorosos 'raptam' o reino dos Céus" (LA PIRA, Giorgio. *Lettere al Carmelo*. Milano: Vita e Pensiero, 1985).

Orientação espiritual

Até... se tornar Jesus

No caminho para Damasco o jovem Saulo compreende, através da experiência do encontro, que é bem conhecido do Senhor! E compreende também que Deus tem um desígnio de felicidade muito elevado para ele. Saulo se rende logo, também porque fica desarmado pela *força da luz*; e, depois de um momento inicial em que se sentiu perdido, responde tornando-se *companheiro do Espírito* que, como lembrávamos, sintoniza sempre com os nossos desejos mais profundos.

Este caminho de assimilação a Jesus, para Paulo, durou a vida toda e foi tão *transformante* a ponto de fazê-lo afirmar, perto do seu final: "Eu vivo, mas não eu: é Cristo que vive em mim" (Gl 2,20); em outros termos, "quem olhou e olha para o meu rosto, reconhece Jesus".

Pe. Alberione propõe o mesmo desafio a quem pretende realizar em plenitude a sua própria vida humana e cristã. E se é verdade que o nosso companheiro de viagem, o Espírito, suscita em nosso coração sentimentos e emoções de paz, alegria, coragem, é lícito perguntar--se: Até que ponto devemos nos colocar em jogo? Quanto convém arriscar? Por quanto tempo e voltados para que objetivo? A resposta parece ser muito clara e decidida, mas também corajosa: até que sejamos "transformados" em Deus! Ou seja, até realizarmos no dia a dia toda a beleza interior da qual somos portadores.

Então é preciso coragem? Certamente! A coragem, a determinação e a força interior são presentes de Deus que já trazemos dentro de nós; é só questão de "valorizá-los" (lembra-se da parábola dos talentos?).

Um grande Padre da Igreja, Irineu de Lião, chama a atenção para esta possibilidade com uma expressão muito clara: "Deus se fez homem para que o homem se tornasse Deus" (Contra as heresias 3,19,1). Em outras palavras: para mim e para todos é possível se tornar um outro Jesus! Não com um desdobramento de personalidade (como pode acontecer a graves patologias), mas com um processo de maturação: quanto mais eu amadureço na beleza da minha personalidade, mais emerge a beleza de Deus!

Certamente tudo isso envolve o desafio do "caminhar", e sabemos muito bem como é importante preparar-nos com estratégias adequadas. A proposta que nos é feita é a de acompanhar o nosso "treinamento" com uma adequada "alimentação", cujos ingredientes são os seguintes:

- a Palavra de Deus: a fim de que o nosso conhecimento de Jesus se torne mais aprofundado e possamos entender melhor "o seu pensamento".
- a vida de Jesus: para que o seu modo ordinário de vida possa nos deixar curiosos, possa nos questionar e, quem sabe, se tornar nosso.
- a Eucaristia: a fim de que a vida de Jesus passe para nós, fique bem em nós e nos ajude a pôr ordem, iluminando os ângulos mais obscuros nos quais possamos encontrar aquilo que pouco a pouco nos transforma nele.

Se esta perspectiva nos parece pouco adequada a nós ou muito "elevada", estejamos atentos: as coisas belas são as que se conquistam. Não nos assustemos com os obstáculos que poderemos encontrar e que são fruto da nossa emotividade, instintividade ou também do inimigo do bem. Estes obstáculos, que podemos chamar de "escolhos" (pensemos no mar e na água que chega improvisamente sobre o escolho: seu curso sofre um desvio, mas não um bloqueio!), precisam ser monitorados. Vejamos os principais.

- O primeiro é o desencorajamento. É como se "alguém" nos dissesse: "Não, não se iluda; quanta coisa você começou e não conseguiu acabar? Quantas ocasiões você perdeu? Desta vez, nem tente, pois seria outra derrota". Como reagir? Com uma ponta de santo orgulho e confiança: É este o momento de arriscar mais. Parece coisa de louco? O que é a normalidade?
- Outro obstáculo: uma forma de cansaço, quase uma espécie de preguiça intelectual. Neste caso, o "alguém" de antes nos sussurra: "Sim, tente, mas sem se cansar; satisfaça-se com o mínimo esforço; afinal, não é necessário muito... por que exagerar? Quem o está obrigando?". O desafio, para nós, é

pôr em ação uma grande tenacidade e o mais intenso empenho possível, sabendo que é uma questão de felicidade.

- Uma terceira fadiga é a superficialidade. Também neste caso nos é dito: "Não se envolva demais como normalmente faz; encare o dia assim como ele se apresenta; afinal, passa, e amanhã será outro dia. Não aprofunde a coisa, não perca um tempo que pode dedicar a algo que vai fazer você ficar bem logo. Por que se comprometer numa caminhada de longo prazo?". O desafio, aqui, é o de assumir com decisão a escolha feita, com autonomia e liberdade, para continuar a treinar com agilidade.[3]

Neste dia

Hoje procurarei fazer uma lista de alguns dos meus medos mais comuns (medo de não conseguir, de me bloquear, de não ser aceito etc.); a seguir, e "sem espiar", faço uma lista dos meus desejos, sonhos etc. No final deste trabalho, confronto e faço a ligação de cada medo com o desejo correspondente... A surpresa? Descobrir que por trás de cada desejo há um medo e vice-versa; ambos, porém, são "nuances do amor"!

Digo isso ao "treinador" Jesus e a quem está me acompanhando no caminho espiritual, para que eles possam me dar algum puxão de orelha sobre como administrar o conjunto da obra do ponto de vista humano e espiritual!

---

[3] O texto integral, que serve de base para a presente reflexão, encontra-se no apêndice (2).

3º Passo
A escola de Damasco

Ponto de partida

Em Damasco, havia um discípulo de nome Ananias. O Senhor o chamou numa visão: "Ananias!". Ele respondeu: "Aqui estou, Senhor!". O Senhor lhe disse: "Levanta-te, vai à rua chamada Direita e procura, na casa de Judas, por um homem de Tarso, chamado Saulo. Ele está em oração e acaba de ver, em visão, alguém que se chama Ananias entrar e impor-lhe as mãos para que recupere a vista". Ananias respondeu: "Senhor, já ouvi muitos falarem desse homem e do mal que fez aos teus santos que estão em Jerusalém. E aqui, em Damasco, ele tem plenos poderes, da parte dos sumos sacerdotes, para prender todos os que invocam o teu nome". Mas o Senhor disse a Ananias: "Vai, porque este homem é um instrumento que escolhi para levar o meu nome às nações pagãs e aos reis, e também aos israelitas. Pois eu vou lhe mostrar o quanto ele deve sofrer pelo meu nome". Então Ananias saiu, entrou na casa e impôs-lhe as mãos, dizendo: "Saul, meu irmão, o Senhor Jesus, que te apareceu quando vinhas pela estrada, mandou-me aqui para que tu recobres a vista e fiques cheio do Espírito Santo". Imediatamente caíram dos olhos de Saulo como que escamas, e ele recobrou a vista. Em seguida, levantou-se e foi batizado. Depois, alimentou-se e recuperou as forças. Saulo passou alguns dias com os discípulos que havia em Damasco e logo começou a pregar nas sinagogas, afirmando que Jesus *é o Filho de Deus. Os ouvintes ficavam perplexos e comentavam: "Não é este o homem que, em Jerusalém, perseguia com violência os que invocavam esse Nome? E não veio aqui, exatamente, para prendê-los e levá-los aos sumos sacerdotes?". Mas Saulo se fortalecia cada vez mais e deixava confusos os judeus que moravam em Damasco, demonstrando que Jesus é o Cristo. Passado um bom tempo, os judeus confabularam para matá-lo. Mas Saulo ficou sabendo de suas tramas. Eles, porém, controlavam dia e noite as portas da cidade, para matá-lo. Os discípulos, entretanto, de noite o levaram e, num cesto, o fizeram descer pela muralha* (At 9,10-25).

Aprofundamento bíblico

A primeira escola cristã de Saulo

Ninguém constrói a si mesmo sozinho, nem existe autêntica experiência de fé que se limite a um relacionamento "fechado" entre Deus e o crente. O princípio da encarnação exige que a relação vertical entre o homem e Deus seja acompanhada sempre pela relação horizontal entre o homem e o mundo, entendendo-se por "mundo" tanto a trama complexa e cheia de recursos dos relacionamentos cotidianos quanto o contexto histórico, social e religioso no qual cada pessoa é chamada a lançar-se com responsabilidade. Para Saulo, tudo isso acontece no ambiente da cidade de Damasco; se Saulo não tivesse encontrado Ananias, a sua experiência mística teria permanecido algo de íntimo, certamente importante, mas ligado apenas à sua pessoa. A entrada em cena de Ananias confirma – com a palavra, o gesto e o dom do Espírito – a experiência vivida, arrancando-a de possíveis interpretações errôneas (Uma alucinação? Uma crise de pânico?). Ananias não se apresenta a Saulo como um mestre diante de um discípulo, mas como um irmão que partilha da mesma experiência de "conversão". Ananias, de fato, antes de se dirigir a Saulo, é instruído pelo Ressuscitado a vê-lo com um olhar diferente daquele que a pura superficialidade dos fatos poderia sugerir. Damasco, neste sentido, representa, sob todos os pontos de vista, a primeira "escola cristã" de Saulo. Aqui ele vive a sua primeira experiência formativa que se concretiza numa relação iluminadora primeiro com Ananias e depois com a comunidade, que o acolhe com confiança; aqui ele vive a sua primeira experiência de anúncio, sentindo-se envolvido nas dinâmicas de uma comunidade a serviço da qual ele coloca os seus dons e as suas habilidades argumentativas; aqui ele experimenta as primeiras resistências que logo se transformam numa conspiração cujas consequências poderiam acabar sendo muito perigosas. Em outras palavras, abriu-se para Saulo aquele longo percurso formativo que o tornará sempre mais discípulo de Jesus, assumindo em si mesmo os traços do seu ministério público e da sua paixão, morte e ressurreição.

Saulo por ele mesmo...

"Que o amor fraterno vos una uns aos outros, com terna afeição, rivalizando-vos em atenções recíprocas. Sede zelosos e diligentes, fervorosos de espírito, servindo sempre ao Senhor, alegres na esperança, fortes na tribulação, perseverantes na oração. Mostrai-vos solidários com os santos em suas necessidades, prossegui firmes na prática da hospitalidade. Abençoai os que vos perseguem, abençoai e não amaldiçoeis. Alegrai-vos com os que se alegram, chorai com os que choram. Mantende um bom entendimento uns com os outros; não sejais pretensiosos, mas acomodai-vos às coisas humildes" (Rm 12,10-16).

"Se é preciso gloriar-se, é de minhas fraquezas que me gloriarei! O Deus e Pai do Senhor Jesus, ele que é bendito por toda a eternidade, sabe que não estou mentindo. Em Damasco, o governador do rei Aretas mandou pôr guarda em toda a cidade, para me prender. Mas, por uma janela, me desceram num cesto, muralha abaixo. E, assim, escapei das suas mãos" (2Cor 11,30-33).

"Então, meu filho, fortalece-te na graça do Cristo Jesus. O que ouviste de mim na presença de numerosas testemunhas, transmite-o a pessoas de confiança, que sejam capazes de ensinar a outros. Como bom soldado do Cristo Jesus, assume a tua parte de sofrimento. Ninguém que esteja engajado no serviço das armas se embaraça nos negócios da vida civil, se deseja agradar a quem o alistou. Igualmente o atleta, na luta esportiva, só recebe a coroa se lutar segundo as regras. O agricultor, que enfrenta o trabalho duro, deve ser o primeiro a participar dos frutos. Entende bem o que estou dizendo. Aliás, o Senhor te fará entender tudo isso" (2Tm 2,1-7).

Vivência

Aprender a aprender, para dar espaço à relação

A relação é elemento constitutivo da existência pessoal de cada um, e o encontro entre pessoas é sempre um encontro de dons; por isso, nem sempre se pode programá-lo nem criá-lo. O encontro deve ser esperado. Um dom que espera outro dom, uma liberdade que se explicita num dúplice sentido: livre é o ser que "acolhe-recebe" a si mesmo e, ao mesmo tempo, que "oferece" a si mesmo.

Tudo isso exige de cada um, todo dia, uma verdadeira conversão, a fim de que um encontre o outro. De fato, é na conversão-comunhão que se percebe a dignidade da identidade de cada um, uma identidade sagrada à qual é preciso continuamente fazer referência. Paulo entra para a escola de uma pessoa (Ananias) e de uma comunidade (Damasco). A partir do seu misterioso e doloroso encontro com Jesus, tudo, para ele, se transforma em escola.

Os outros não são apenas um dom precioso para o nosso amadurecimento, mas constituem também um "outro" mundo, ou seja, são uma realidade que não só gratifica, mas que pode também assustar e produzir alarme ou fuga. Ter acesso à alteridade significa superar a tendência a fazer de si mesmo o centro e a referência de tudo, a pôr--se em relação com as coisas e com os outros, a partir de si próprios, no desejo de neles se reencontrar. Trata-se de aprender a entrar em relação com os outros, independentemente da necessidade que se tem deles. Em outras palavras, é preciso encontrar o outro como alguém que é diferente de mim e que, enquanto tal, me provoca, me torna vulnerável; reconhecer a diferença entre mim e o outro, aceitando-a, respeitando-a. A abertura aos outros comporta também a capacidade de aceitar a nossa própria alteridade em relação a nós mesmos, ou seja, a aceitação leal e serena daquela distância que existe entre aquilo que somos e aquilo que pensamos ou gostaríamos de ser.

Esta foi a experiência de Paulo, este é o caminho para nós.

A comunidade é o lugar necessário para interiorizar melhor os valores do Reino. O objetivo da comunidade de Damasco e, especificamente, da presença de Ananias ao lado de Paulo não é somente a beleza do estar juntos; a partilha tem por finalidade aprofundar o compromisso vocacional da resposta de fé e a construção do Reino de Deus. A comunidade é lugar de transcendência na medida em que estimula a amar a Deus com todo o coração, com toda a mente e com toda a vontade, por isso mesmo comprometendo a pessoa como um todo.

Para dar é preciso ter. A vida é uma tarefa de contínua maturação; é necessário primeiro formar o eu antes de colocá-lo a serviço dos outros. Temos de desenvolver a identidade antes de poder perdê-la livremente pelo Reino.

Notas autorais

"As relações interpessoais são o âmbito dos maiores sofrimentos e da maior felicidade, lugar da morte e da ressurreição, lugar da identidade da própria pessoa, lugar em que nos tornamos aquilo que no final seremos. O homem se torna aquilo que é em meio aos outros. Fora das relações, praticamente não se existe mais. A pessoa sabe quanto vive à medida que percebe quão profundos são os seus encontros. A vida das relações, os encontros, são o sabor, o calor e a própria essência do destino humano" (RUPNIK, M. I. *Abraçou-o e o cobriu de beijos*. São Paulo: Paulinas, 2005).

Orientação espiritual

Da "escola de Damasco" à humilde e alta "escola de Nazaré"

O compromisso de ter aceitado o convite de Deus, que nos chama à semelhança com Jesus – "correr no caminho da santificação", recorrendo à expressão do Pe. Alberione –, não é um aspecto secundário dos nossos exercícios no Espírito. Ao contrário! Trata-se de uma orientação "necessária", indispensável para quem quer responder com coerência e liberdade (às vezes liberdade também de si mesmos!) ao convite/dom recebido. Isso vale, da mesma forma, para as várias situações em que poderemos nos encontrar:

- se nos distanciamos do caminho de fé: para que possamos reencontrar, com consciência pessoal, as motivações para retomar o caminho;
- se ainda permanecemos na estrada, mas nos atrasamos um pouco: para que consigamos acelerar o passo ou, se necessário, acertar o passo;
- se estamos entre aqueles que andam rapidamente: para que estejamos atentos a não nos tornarmos "corredores solitários", correndo o risco de chegar... mas sozinhos ou perdidos; se sentimos fortemente, neste tempo, a necessidade de fazer uma escolha de vida: para que nos perguntemos com seriedade qual ou quem é o nosso ponto de referência para uma resposta vocacional de alegria.

Seja qual for a situação na qual nos encontremos, somos chamados, juntamente com o nosso "amigo", o Espírito, a empenhar-nos com paixão e a cuidar da nossa própria "formação", ou seja, prestar atenção para saber que materiais ou estratégias estamos utilizando para poder levar a termo a obra-prima que é a nossa bela vida.

O segredo para cumprir esta obra? Entrar, como já fizemos, e permanecer na escola/academia frequentada pelo próprio Jesus: "a escola de Nazaré".

A escola, como se sabe, é necessária para todos. Em alguns casos é vivida bem, noutros com muita dificuldade. Mas ao lado da escola enquanto "agência educativa" temos também a "escola da vida e das relações"! Tivemos ocasião de observar como o jovem Saulo se pôs "à escola de Damasco" para que fosse guiado por Ananias e aprendesse a entrar em relação com os outros crentes em Jesus, aceitando as dinâmicas relacionais típicas de uma escola. Saulo, por primeiro, precisava aprender a aprender!

O desafio, para nós, é o mesmo. Mas a referência agora é Jesus, e o ambiente é a sua família, precisamente porque é uma escola/academia de vida. As "aulas" que Jesus, como Professor, nos dá podem ser reunidas em quatro "disciplinas":

- a primeira nos orienta a rejeitar um modo de raciocinar "terra-terra" para mirar o alto: impele-nos a gradualmente nos separar de pensamentos e escolhas ditadas apenas pelo egoísmo, pelo individualismo, pelo carreirismo;
- o segundo "curso" que somos chamados a frequentar consiste em algumas estratégias para podermos nos treinar em criar espaços para ele. Uma dessas estratégias é denominada "mortificação". Esta palavra e o uso que dela se fez podem evocar em nós algo de superado, de pouco respeitoso, uma espécie de "autolesionismo": por que procurar o sofrimento, se Deus nos quer ver felizes? Pergunta legítima, mas com um ponto de partida que precisa ser "revisto". Mortificar-nos ou, usando um outro termo, "escolher o que deve ser feito", não é algo de negativo, mas um trabalho de astúcia na medida em que nos permite identificar aquilo que em nós está tornando o passo mais demorado, embora aparentemente nos gratifique, dando-nos a possibilidade de fazer emergir as nossas qualidades melhores, identificando e libertando o

nosso coração de tudo aquilo que obstaculiza o caminho de crescimento humano e cristão;

- o terceiro "curso" é uma espécie de *workshop* sobre a oração, para aprender que esta não é um espaço de "exercitação da memória" sobre orações aprendidas na infância, mas um espaço "reservado à relação", espaço no qual permito que os "familiares de Jesus", que me acolheram, me "contem" como ele se comportava, o que fez, como se saía nas situações difíceis... Por outro lado, se preciso imitá-lo, preciso também conhecê-lo;
- a última aula tem por objetivo treinar a vontade, identificando os critérios para harmonizar o desejo e a firmeza de "querer alcançar". Isso não é voluntarismo carola, mas exercício de liberdade!

Se é verdade que o caminho continua sendo exigente, é verdade também que já podem ser percebidos os horizontes luminosos que nos propomos alcançar. Tais horizontes serão perseguidos através de três etapas que elencamos agora para que se comece a experimentar desde já o destino final:

- na primeira, o desafio será o de uma maior consciência de nós mesmos e de como somos profundamente amados por Deus. Esta se traduz num canto de louvor a Deus, num verdadeiro "Glória ao Pai";
- na segunda, somos chamados a nos tornar "lugar" no qual Jesus começa a sentir-se muito bem: ele conosco, mas, sobretudo, nós com ele. Essa etapa se traduz num hino de reconhecimento a Jesus, num verdadeiro "Glória ao Filho";
- na terceira, veremos concretamente os frutos do nosso "treinamento" através da disponibilidade a viver os dons que o Espírito nos dá: a paz, a alegria, a esperança etc. Neste caso é a vida mesma que se torna um hino ao Espírito, um verdadeiro "Glória ao Espírito Santo".

As três etapas nos farão adquirir competências em três âmbitos: o do nosso crescimento humano (a primeira); o da relação mais real com Jesus, portanto, o âmbito cristão (a segunda); e o da relação com os outros, portanto, o âmbito religioso (a terceira).

O percurso proposto neste livro se detém sobre a primeira destas três etapas.[4]

Neste dia

Já que os "cursos" a serem frequentados são quatro, vou organizar o meu material:

- para o primeiro, procuro identificar quais formas de egoísmo e de individualismo freiam a minha corrida...
- para o segundo, identifico algo que faço normalmente e que me gratifica, e tento ficar sem... Será uma surpresa como nos sentiremos depois: experimentar para crer!
- para o terceiro, procuro uma página do Evangelho que narre a experiência de Jesus e que lembro com curiosidade; relendo-a, procuro colocar-me no seu lugar (como ele se sentiu, como viveu essa experiência etc.) e me pergunto: "O que, para mim, pode ser útil aprender?".
- para o quarto, repito várias vezes para mim mesmo, pronunciando o meu nome, que posso consegui-lo, que posso continuar a escolher com liberdade de permanecer nesta escola... Não estou só! É uma certeza!

---

[4] Texto integral que serve de base para a presente reflexão encontra-se no apêndice (3).

4º Passo
A escola de Jerusalém

Glória ao pai

Saulo chegou a Jerusalém e procurava juntar-se aos discípulos. Mas todos tinham medo dele, pois não acreditavam que ele fosse discípulo. Então Barnabé o tomou consigo, levou-o aos apóstolos e contou-lhes como Saulo tinha visto, no caminho, o Senhor, que falara com ele, e como, na cidade de Damasco, ele havia pregado, corajosamente, no nome de Jesus. Daí em diante, Saulo permanecia com eles em Jerusalém e pregava, corajosamente, no nome do Senhor. Também falava e discutia com os judeus de língua grega, mas estes procuravam matá-lo. Quando ficaram sabendo disso, os irmãos levaram Saulo para Cesareia e, dali, o mandaram para Tarso. A Igreja, entretanto, vivia em paz em toda a Judeia, Galileia e Samaria. Ela se consolidava e andava no temor do Senhor e, com a ajuda do Espírito Santo, crescia em número (At 9,26-31).

Aprofundamento bíblico

Quem sou eu?

Jerusalém é a segunda "escola cristã" de Saulo. Aqui ele teve condições de encontrar os apóstolos, de fazer a experiência da solicitude de Barnabé em relação a ele e de partilhar mais uma vez o ministério do anúncio. Depois de Ananias, Barnabé representa a segunda grande figura de referência para Saulo; este o toma consigo, o apresenta aos apóstolos fazendo uma importante obra de mediação, o insere como protagonista no interior da jovem comunidade cristã, em meio à qual Saulo poderá movimentar-se sem dificuldade. Barnabé, aqui, já começa a manifestar aquilo que irá ser: uma figura decisiva na definição da identidade cristã. Mas os tempos não são fáceis, e o zelo que Saulo tinha como fariseu em Jerusalém se torna motivo de confronto com os seus precedentes companheiros que, de Saulo, sabem tudo; no começo, os afronta com segurança, desmontando uma a uma as suas argumentações; depois, todavia, as coisas tomam um rumo perigoso, não só para Saulo, mas para toda a jovem comunidade. Saulo se torna novamente uma figura incômoda: para os hebreus, que o consideram um traidor, e para os crentes em Cristo, que o consideram uma ameaça indireta, mas nem por isso menos perigosa. Todos concordam que Saulo precisa retornar para o lugar de onde veio. Assim, tendo sido acompanhado até Cesareia, ele embarca para Tarso. Se aceitarmos a narração lucana, Saulo tinha saído de Tarso ainda quando era muito jovem, a fim de entrar para a escola de Gamaliel, em Jerusalém; agora ele volta para lá marcado e provado; talvez ele pensasse que seria suficiente dar outra orientação ao seu zelo para fazer triunfar o Evangelho; talvez ele achasse que, da mesma forma que havia sido abordado e vencido no caminho para Damasco, outros pudessem passar pela mesma experiência; ou, ainda, que a sua presença no meio do grupo dos Doze teria representado um impulso inédito à jovem comunidade... Ao contrário, a sua pregação encontra apenas oposição e a sua presença se transforma em obstáculo. É preciso aprender a discernir os tempos e os momentos de Deus, e sobretudo os desígnios que ele guarda.

Saulo por ele mesmo...

"E para que a grandeza das revelações não me enchesse de orgulho, foi-me dado um espinho na carne, um anjo de Satanás, para me esbofetear, a fim de que eu não me torne orgulhoso. A esse respeito, roguei três vezes ao Senhor que ficasse longe de mim. Mas o Senhor disse-me: 'Basta-te a minha graça; pois é na fraqueza que a força se realiza plenamente'. Por isso, de bom grado, me gloriarei das minhas fraquezas, para que a força de Cristo habite em mim; e me comprazo nas fraquezas, nos insultos, nas dificuldades, nas perseguições e nas angústias por causa de Cristo. Pois, quando sou fraco, então sou forte" (2Cor 12,7-10).

"Depois, três anos mais tarde, fui a Jerusalém, para conhecer Cefas, e fiquei com ele quinze dias. Não me encontrei com nenhum outro apóstolo, a não ser com Tiago, o irmão do Senhor. Escrevendo estas coisas, afirmo diante de Deus que não estou mentindo. Depois, fui para as regiões da Síria e da Cilícia. Ainda não era pessoalmente conhecido das igrejas da Judeia que estão em Cristo. Apenas tinham ouvido dizer que 'aquele que antes nos perseguia, está agora pregando a fé que, antes, procurava destruir'. E glorificavam a Deus por minha causa" (Gl 1,18-24).

"Por isso, desde que soube da vossa fé no Senhor Jesus e do vosso amor para com todos os santos, não cesso de dar graças por vós, lembrando-me sempre de vós, em minhas orações, suplicando ao Deus nosso Senhor Jesus Cristo, o Pai glorioso, que vos dê o Espírito da sabedoria e da revelação, para que o conheçais de verdade. Que ele ilumine os olhos de vosso coração, para que conheçais a esperança à qual ele vos chama..." (Ef 1,15-18).

Vivência

A fadiga de acompanhar o passo de Deus

Uma das passagens fundamentais de maturação da própria identidade pessoal e de resposta ao chamado de Deus é o do eu para o nós. Trata-se, mais uma vez, de um caminho de redefinição da própria identidade numa nova modalidade relacional com

Deus que conduz a exercitar-se na humildade do coração, fruto do abandono nele.

A vida traz consigo entusiasmo, paixão, compromisso (imaginemos quantas energias positivas e propositivas brotaram de Paulo no momento em que aconteceu o seu encontro pessoal com Jesus), mas ao mesmo tempo é perpassada também por incompreensões, falências, medos, desilusões.

Aquilo que parecia claro de um momento para outro pode se tornar nebuloso e incompreensível, e isso é ainda mais doloroso se for provocado e vivido no interior de relações interpessoais nas quais nos sentíamos protegidos e ouvidos. Mas o desígnio de Deus é misterioso, e ele não tem medo de se sujar com a nossa humanidade para purificá-la e torná-la bela e luminosa.

A experiência da fraqueza e da força é um binômio que acompanha a nossa cotidianidade: a fraqueza se manifesta na fragilidade, nos temores, nos limites, no sofrimento; a força se exprime nos dons, nas potencialidades, na nossa possibilidade de recomeçar, sempre, novamente, na relação com Jesus, que carrega sobre si a nossa fragilidade e deseja viver não apenas *conosco*, mas também *em nós*.

O convite que emerge da experiência de Paulo é o de aprender a acolher o sofrimento como um sinal da solicitude de Deus; aprender a acolher a própria fraqueza não com pacata resignação, mas com um ímpeto enérgico que nos impele a transformá-la em graça.

Paulo, justamente porque passou por estes momentos difíceis (pessoais e relacionais), colocou-se em constante e sapiente busca da vontade de Deus. O que significa compreender a vontade de Deus? Como se faz para entender aquilo que Deus deseja para nós? É difícil, não há receitas, não há um procedimento padrão, não há fórmulas. Mas há uma certeza: o Senhor nos quer bem, se preocupa conosco, quer o nosso bem! E é precisamente esta certeza que pode nos pôr a caminho! É precisamente esta consciência que pode descongelar-nos dos papéis que às vezes assumimos para nos conhecer, redescobrindo-nos guardiões de dons, capacidades, possibilidades, e acolhendo-nos nos nossos medos, limites, fragilidades.

Tudo isso não é só questão de crescimento humano; não bastam os conselhos, o confronto, o apoio das ciências humanas: é preciso depositar a confiança em Alguém que conhece o nosso coração e aquilo que nele habita, que acolhe as nossas fragilidades não como limite à relação, mas com a ternura de um Pai que, antes de tudo e sobretudo, ama o seu próprio filho. É fundamental pôr-se em oração para escutar, falar, compreender sempre mais profundamente este amor! Na oração crescerá e amadurecerá a virtude da fortaleza, que os mestres do espírito definem como uma virtude que leva o homem que não confia em suas próprias forças a esperar na ajuda de Deus. Confiança em Deus: quem se abandona em Deus reconhece os seus próprios limites e os dos outros, sem nada temer, porque em Deus tudo se transfigura.

Notas autorais

"Quem sou eu? Quem sou? Frequentemente me dizem que saio do meu quarto relaxado, alegre e resoluto, como um senhor saindo do seu castelo. Quem sou? Frequentemente me dizem que falo aos guardas com liberdade, afabilidade e clareza, como se coubesse a mim dar ordens. Quem sou? Também me dizem que suporto os dias de dor imperturbável, sorridente e altivo, como quem é acostumado com a vitória. Sou eu realmente aquilo que dizem os outros de mim? Ou sou somente tal e qual me conheço? Inquieto, cheio de nostalgias, doente como um pássaro na gaiola, ansioso pelo ar como se estivessem me apertando a garganta, afamado de cores, de flores, de vozes de pássaro na gaiola, com sede de palavras boas, de companhia, tremendo de cólera diante do arbítrio e da ofensa mais mesquinha, agitado pela espera por grandes coisas, preocupado e impotente pelo amigo infinitamente longínquo, cansado e vazio ao orar, ao pensar, ao criar, enfraquecido e pronto para me despedir de tudo? Quem sou? Hoje sou um, amanhã outro? Sou ambos ao mesmo tempo? Diante dos homens um simulador e diante de mim mesmo um desprezível, chorão velhaco? Ou aquilo que ainda existe em mim se assemelha ao exército derrotado, que se retrai em desordem diante da vitória já conquistada? Quem sou? Este pôr perguntas a sós é zombaria. Quem quer que eu seja, tu me conheces, teu eu sou, ó Deus!" (BONHOEFFER, D. *Resist*ência e submissão: cartas e anotações escritas na prisão. São Leopoldo: Sinodal, 2003).

Orientação espiritual

Estupor... alegria... amor...

São Paulo, para fazer-nos compreender o dom precioso da vida cristã, normalmente nos convida a lembrar o nosso Batismo, em seu duplo aspecto de nudez e veste nova: a nudez é a escolha de rejeitar o "homem velho" (que se manifestava através da imersão durante o rito do Batismo); a veste nova é a dimensão do ser "revestido" de uma nova forma de vida: Jesus mesmo, verdadeira novidade de vida.

Esta dinâmica é precisamente aquela na qual temos de nos inserir: empenhar-nos em despojar-nos de todos aqueles modos de viver caracterizados pelo egoísmo, pela soberba, pela autorreferencialidade etc., para revestir-nos de "luz".

Este dinamismo nos permite olhar para nós mesmos com realismo sadio, na consciência de sermos pecadores. Todos. Sem exceção. É fundamental saber e aceitar esta realidade; se não for assim, corre-se o risco de pensar que para ficar na "academia" do Espírito é preciso ser pessoas totalmente retas, comprometidas, perfeitas... Ao contrário! O jovem Saulo recebe de Deus o dom da revelação de Jesus não durante a visão de Damasco, mas depois das dificuldades, medos, contrastes e frustrações que teriam podido fazê-lo pensar que tinha errado tudo... É assim para cada um de nós: se de um lado percebemos em nós mesmos capacidades de bem, desejos bons, sonhos, pequenas conquistas escolares, laborais e relacionais, constatamos também que não faltam medos, desilusões, incompreensões, talvez também algum falimento... Mas é aqui que Deus nos espera desde sempre, para acolher-nos, para revestir-nos com a sua ternura e com o seu perdão.

Acerca do caminho a ser percorrido, podemos colocá-lo naquela dimensão de "família" que nos acolheu no início do nosso percurso: o Pai nos acolhe e perdoa com a sua ternura, Jesus nos indica a estrada a seguir, o Espírito nos doa a capacidade de viver a cotidianidade a partir dos recursos que levamos dentro de nós: a alegria, a paz, a esperança etc.

A este ponto, para entrar decididamente neste dinamismo, somos convidados a nos colocar na dimensão "relacional" de amor com Deus, lembrando como ele se revelou dando-nos a vida através do sim dos nossos pais, como nos colocou num contexto de família, como sustenta o nosso caminho. Trata-se de um percurso que se apoia sobre duas perguntas profundamente essenciais: "Quem é Deus?", "Quem sou eu?".

O caminho que leva à mais alta maturação da nossa identidade parte do aprender a ser filhos, isto é, da consciência da paternidade de Deus. Isso deveria gerar:

- estupor, admiração, que envolve a nossa *mente*, o nosso pensamento. Estupor que nasce da reflexão e do conhecimento do Pai, uma percepção que parte do amor e que abre para um amor sempre maior...;
- alegria, louvor, que envolve a nossa *vontade*, isto é, a nossa capacidade de permanecer conectados com Deus de modo que toda nossa escolha ou atitude lhe seja agradável;
- amor, enquanto resposta a um Deus que é descoberto "como bem infinito, acima de todas as coisas"; e aqui não pode ser envolvido senão o *coração*, o coração que bate forte, exatamente como quando se vive a descoberta do amor humano... sempre!

Diante de tanta gratuidade, talvez emerja toda a nossa inadequação, medo, fragilidade, incoerência... Mas é justamente este "nada" que é profundamente amado pelo Pai e preenchido além da medida por dons, atitudes, qualidades humanas e morais...

É questão de "humildade", que não é humilhação; trata-se de ter um coração disponível a se deixar encontrar por Deus, um coração que mesmo conhecendo os próprios limites aceita ser questionado e mudar (tudo isso não é algo natural, embora o digamos e o desejemos).

O dom criativo de Deus, que é representado também por cada um de nós, está sob os olhos de todos: o universo, o mundo e, no vértice de tudo, o homem, com a tarefa/dom de ser "imagem e semelhança de Deus" (Gn 1,26), chamado à vida para tornar visível o Deus invisível![1]

Neste dia

Dou-me de presente o espaço necessário para contemplar a beleza da natureza (uma linda paisagem, uma aurora, um pôr de sol, uma caminhada pela montanha, um passeio pela cidade): tudo isso é dom de Deus para mim! Estupor... alegria... amor!

---

[1] O texto integral que serve de base para a presente reflexão encontra-se no apêndice (4).

5º Passo
A escola de Antioquia

Glória ao pai

Os que se haviam dispersado por causa da perseguição que se seguira à morte de Estêvão chegaram à Fenícia, à ilha de Chipre e à cidade de Antioquia, mas não anunciavam a Palavra a ninguém que não fosse judeu. Contudo, alguns deles, habitantes de Chipre e da cidade de Cirene, chegaram a Antioquia e começaram a pregar também aos gregos, anunciando-lhes a Boa-Nova do Senhor Jesus. E a mão do Senhor estava com eles. Muitas pessoas acreditaram na Boa-Nova e se converteram ao Senhor. A notícia chegou aos ouvidos da Igreja que estava em Jerusalém. Então enviaram Barnabé a Antioquia. Ao chegar, ele viu a graça que Deus havia concedido. Alegrou-se muito e exortou a todos para que permanecessem fiéis ao Senhor, com firmeza de coração. Pois ele era um homem bom, cheio do Espírito Santo e de fé. E uma grande multidão aderiu ao Senhor. Barnabé, entretanto, partiu para Tarso, à procura de Saulo. Tendo-o encontrado, levou-o a Antioquia. Passaram um ano inteiro trabalhando juntos naquela Igreja, e instruíram uma numerosa multidão. Em Antioquia, os discípulos foram, pela primeira vez, chamados com o nome de "cristãos" (At 11,19-26).

Aprofundamento bíblico

Barnabé, o homem da Providência

Antioquia é a terceira e decisiva "escola cristã" de Saulo. Barnabé se revela, em todos os sentidos, o homem da Providência divina: é ele quem de um lado ajuda Antioquia a superar o momento doloroso da perseguição que "decapitou" a jovem comunidade dos seus guias; é ele a fazer a mediação com a Igreja-mãe de Jerusalém, garantindo que aquilo que está acontecendo em Antioquia é fruto da graça de Deus e requer simplesmente encorajamento e força; é sempre ele quem intui que Saulo é o homem certo, capaz de dar o ímpeto necessário aos crentes desta comunidade provada; quem, de fato, melhor do que um "perseguidor ferrenho de Cristo" poderia confirmar os irmãos? E assim, depois do longo silêncio de Tarso, Saulo volta a ser protagonista. A configuração da comunidade de Antioquia é muito diferente da de Jerusalém: aqui os crentes provenientes do judaísmo e os provenientes do paganismo partilham os bens e a mesa, conscientes de que é em Cristo e não pela observância de algumas normas da lei ou da circuncisão que passa o caminho da salvação. A Lei não é negada, mas reconduzida ao seu papel fundamental: o de favorecer a relação entre o homem e Deus e de reavivar a responsabilidade do homem em relação à história. É significativo que justamente em Antioquia, onde alguns crentes anônimos começaram a dirigir-se aos pagãos e onde Paulo e Barnabé trabalham em estreita sintonia, os irmãos recebam o nome que os acompanhará para sempre: "cristãos". Este nome marca uma virada importante: não são mais os princípios do judaísmo que indicam a vontade de Deus, mas a vida e as palavras de Jesus, reconhecido como o Messias esperado. Usado no início provavelmente como termo depreciativo, tal identificação acaba por ser expressiva de uma orientação de vida única e clara. Paradoxalmente, mais uma vez, uma das viradas mais significativas das origens cristãs passa pelo mistério da perseguição. A paixão e a morte continuam a ser fonte de ressurreição.

Saulo por ele mesmo...

"Sabemos que tudo contribui para o bem daqueles que amam a Deus, daqueles que são chamados segundo o seu desígnio. Pois aos que ele conheceu desde sempre, também os predestinou a se configurarem com a imagem de seu Filho, para que este seja o primogênito numa multidão de irmãos. E àqueles que predestinou, também os chamou, e aos que chamou, também os justificou, e aos que justificou, também os glorificou..." (Rm 8,28-30).

"Quanto a nós, desde que tivemos conhecimento dessas coisas, não cessamos de orar por vós e de suplicar para que chegueis a conhecer plenamente a vontade de Deus, com toda a sabedoria e discernimento espiritual. Assim, levareis uma vida digna do Senhor, agradando-lhe em tudo, frutificando em toda boa obra e crescendo no conhecimento de Deus. Suplicamos também a Deus que vos fortifique com todo o vigor pelo seu poder glorioso, para que vos firmeis na constância e na paciência. E, com alegria, dai graças ao Pai que vos tornou dignos de participar da herança dos santos, na luz" (Cl 1,9-12).

"Irmãos, faço questão de que saibais o seguinte: o que me aconteceu tem antes contribuído para o progresso do Evangelho. Com efeito, em todo o pretório e em toda a parte, se ficou sabendo que eu estou na prisão por causa de Cristo. E a maioria dos irmãos, encorajada no Senhor pela minha prisão, redobra de audácia, proclamando sem medo a Palavra" (Fl 1,12-14).

Vivência

A confiança renovada na vontade de Deus

Barnabé, para Paulo, representa um sinal da Providência divina: é o companheiro que lhe permite compreender quem ele é chamado a ser através de uma forte experiência missionária. É aquele que favorece o caminho de unificação da história pessoal de Paulo.

Dar unidade à própria história pessoal significa discernir o fio vermelho que a percorre, que manifesta a vontade de Deus e que corresponde à própria realização. Realização pessoal e dom de Deus, nesta perspectiva, tenderão sempre mais a coincidir, porque a primeira não será vivida numa óptica simplista de autorrealização, mas de realização na comunhão. A esta altura estaremos prontos para identificar a opção fundamental e imergir-nos totalmente nela.

H. U. von Balthasar escrevia: "Onde estar para se tornar aquilo que poderemos ser e ser felizes? A resposta de Cristo e, depois dele, do cristão é clara: o lugar da felicidade é aquele que a vontade de amor do Pai continuamente nos sugere e nos revela através da sua Palavra".

A vontade de Deus é o máximo ato de amor e o amor é liberdade. Abandonar-se à vontade de Deus não significa perder-se, mas encontrar uma estrada para uma profunda e plena realização na identidade e na liberdade interior. Trata-se de perder-se para se reencontrar nas mãos de Deus! Paulo teve que se esvaziar de si mesmo (também pela desconfiança dos que o rodeavam!) para poder definitivamente reencontrar-se e renovar-se totalmente em Deus. Mas o seu reencontrar-se não foi autorreferencial: a realização pessoal e o dom de Deus, que são chamados a convergir, encontram a sua garantia e autenticidade no humilde e confiante abandono à Igreja.

A comunidade, mais uma vez, se torna lugar de crescimento, confiança, partilha e comunhão!

Notas autorais

"[...] A vida só é despertada e acesa pela própria vida. A mais potente 'força de educação' consiste no fato de que eu mesmo, em primeira pessoa, me lanço para frente e recomeço a crescer. [...] É precisamente o fato de eu lutar para melhorar a mim mesmo que dá credibilidade à minha solicitude pedagógica pelo outro. Por último, como crentes, dizemos: educar significa educar a outra pessoa a encontrar o caminho para Deus. Não só fazer com que esteja com tudo em dia para afirmar-se na vida, mas que este 'filho de Deus' cresça até chegar à 'maturidade de Cristo'. O homem é, para o homem, o caminho para Deus. Para que possa sê-lo realmente, porém, precisa, ele próprio, percorrer aquele caminho. É absurdo falar a um homem do caminho para Deus, se não se conhece esse caminho por experiência pessoal ou pelo menos não se busca esse caminho. Eis, portanto, a primeira reflexão, para começar o nosso encontro: nunca nos podemos considerar satisfeitos com nós mesmos, pensar que já estamos formados. Deve sempre manter-se viva uma positiva e santa insatisfação. Somos figuras incompletas ou apenas esboçadas. Seremos confiáveis apenas na medida em que nos dermos conta de que uma idêntica avaliação ética será aplicada também a mim, aquele que deve ser educado. Acima de tudo queiramos, ambos, tornar-nos aquilo que devemos ser" (GUARDINI, R. La credibilità dell'educatore. *Persona e Libertà*, Brescia: La Scuola, 1987).

Orientação espiritual

A vontade de Deus, "máximo ato de amor"

A pedagogia que Deus usou com o jovem Paulo – assim como com os patriarcas, os profetas e todos os santos da Igreja – é muito iluminadora: "Te será dito o que deves fazer" (At 9,6).

Deus, antes de mais nada, entregou Paulo a Ananias para que, através dele, lhe fossem perdoados os pecados e fosse batizado; depois o inseriu na comunidade de Jerusalém para que pudesse dar os primeiros passos no anúncio; enfim, envia-lhe Barnabé para que, de Tarso, onde Paulo havia se refugiado, seja conduzido à comunidade cristã de Antioquia, e esta se abra para a plena acolhida daquele que havia sido seu perseguidor.

Deus se revela por meio de mediadores e de mediações que se tornam companheiros de viagem no caminho da cotidianidade. Tais pessoas representam, num certo sentido, a providência de Deus. Normalmente, quando vivemos um encontro improviso, quando acontece que num momento difícil se "acende" alguma luz através de uma palavra, de um gesto etc., dizemos que foi por acaso, por sorte, algo assim. Raramente pensamos na providência porque associamos esta expressão apenas a algo de concreto, de material. No entanto, nada ocorre por acaso; como o nosso "estar lá" não é fruto do acaso – mesmo que em alguns momentos tenhamos a tentação de pensar assim –, em tudo aquilo que nos acontece nós estamos constantemente no pensamento de amor de Deus que nos protege mesmo quando sobre a nossa vida se abatem experiências dolorosas ou negativas. Trata-se de aprender a "ler" Deus presente nas situações!

Ao chamar cada um à vida Deus tinha, e ainda tem, um projeto bem preciso: ele nos conhece, nos chama pelo nome, nos ama e dispõe todas as coisas para o nosso bem; é aquilo que se entende com a expressão "vontade de Deus". Depois de ter chamado o homem à vida, o Pai preocupa-se em indicar-lhe o caminho para que possa viver feliz aqui no mundo e... para sempre!

Na perspectiva do itinerário que estamos percorrendo é, acima de tudo, o Pai que conhece as nossas necessidades e a estas provê com muita gratuidade. "O vosso Pai sabe do que precisais, antes de vós o pedirdes" (Mt 6,8), assim no-lo apresenta Jesus.

Em segundo lugar, o Pai indica ao homem os desejos de bem que orientam para ele. Ele o direciona à sua vontade de bem através dos mandamentos, que antes de representarem uma série de disposições e normas a serem observadas são um preciosíssimo dom de Deus: não proibições, mas oportunidades! Neste sentido, estes são uma "lei suprema", isto é, uma oportunidade para que o nosso viver seja marcado pela liberdade; sua observância se torna o "máximo ato de amor", porque manifesta um amor reconhecido, ativo, responsável e alegre. Aqui encontramos a base do nosso "ser homens", isto é, pessoas maduras e responsáveis.

O grande "sol" para o qual nós, "como um girassol", deveremos sempre estar voltados é a vontade de Deus; deste grande sol se recebe luz, calor e vida. Mas onde e como encontrar e compreender a vontade de Deus? As oportunidades para compreender o amor do Pai podem ser:

- as pessoas que nos circundam: a pedagogia de Deus valoriza aqueles que vivem perto de nós, sempre;

- os fatos do cotidiano: o Espírito, companheiro de viagem destas jornadas, é Aquele que nos ajuda a ler em profundidade os acontecimentos e a dar-lhes sentido;
- as emoções, os sentimentos, as sensações que sentimos no nosso íntimo: trata-se de saber ouvir com inteligência aquilo que sentimos, de dar-lhe um nome, de intuir as correlações entre o sentir e o pensar etc.

Ao contrário do que sugerem os parâmetros humanos, seremos verdadeiros homens à medida que soubermos perceber e interiorizar aquilo que Deus nos indica. Neste contexto, entram em ação as "virtudes cardeais": a justiça, a prudência, a temperança e a fortaleza, que nos ajudam a interpretar com consciência aquilo que acontece para poder ali colher a profundidade e a beleza do sentido de Deus por nós![1]

Neste dia

Consciente de que a vontade de Deus se manifesta no cotidiano, simbolicamente compro algumas sementes de girassol ou um girassol já florido, coloco-o num ponto significativo do ambiente que me rodeia: é o sinal que me lembra o desejo, o compromisso e a paixão da busca da vontade de felicidade de Deus para mim.

---

[1] O texto integral que serve de base para a presente reflexão encontra-se no apêndice (5).

6º Passo
Sinais de comunhão

Glória ao pai

Naqueles dias, desceram alguns profetas de Jerusalém para Antioquia. Um deles, chamado Ágabo, levantou-se e, inspirado pelo Espírito, anunciou que estava para acontecer uma grande fome por toda a terra – como de fato aconteceu no tempo do imperador Cláudio. Os discípulos então decidiram, cada um segundo suas possibilidades, mandar uma ajuda para os irmãos que viviam na Judeia. Assim foi feito. E enviaram a ajuda aos anciãos, por meio de Barnabé e Saulo. A palavra do Senhor crescia e se espalhava cada vez mais. Tendo concluído seu ministério, Barnabé e Saulo voltaram a Jerusalém, trazendo consigo João, chamado Marcos (At 11,27-30; 12,24-25).

Aprofundamento bíblico

O desafio da koinonía

Paulo e Barnabé, neste texto, são o rosto da comunhão entre as duas "Igrejas-mães", num momento muito delicado, em que a carestia põe à dura prova uma cidade, Jerusalém, deixando-a sem recursos materiais. Como, em outra ocasião, Jerusalém havia socorrido Antioquia levando, na pessoa de Barnabé, um grande testemunho de encorajamento e de força, agora Antioquia parece restituir o favor. A questão, entretanto, não é tão natural assim. Ao longo dos anos, de fato, as duas comunidades viveram um desenvolvimento não só paralelo, mas divergente, com enfoques interpretativos totalmente diferentes sobre questões centrais. A ponte de auxílios que une Antioquia e Jerusalém, portanto, é o sinal daquele caminhar juntos no qual cada um é capaz de abrir espaços para quem, mesmo em questões cruciais, pensa de um modo um tanto distinto. De certa forma, as ajudas econômicas são muito mais do que uma resposta concreta em tempos difíceis: exprimem a diaconia mútua, vivida pelo Mestre, e evidenciada às vésperas do mistério pascal no gesto do lava-pés. Apesar da experiência não totalmente positiva vivida em Jerusalém (não esqueçamos que a comunidade havia mandado de volta Saulo para Tarso, considerando-o uma ameaça para os judeus e um obstáculo para os crentes), o apóstolo aceita o encargo, levando-o adiante juntamente com Barnabé que, desde o início do seu ministério em Antioquia, havia se transformado em representante da ala mais aberta da igreja de Jerusalém. A dimensão do serviço é prioritária e se torna sinal explícito da verdadeira *koinonía*. Significativa também é a adesão de Marcos, que se une a Paulo e Barnabé, colocando-se assim na condição de viver de perto os desafios da formação de uma identidade cristã, não sem antes experimentar sobre si temores e lentidões. A sua participação dará a Paulo e Barnabé também a possibilidade de manter presentes, mais ainda, todas as implicações do cristianismo tal como este é vivido em Jerusalém; aqui, com efeito, a jovem comunidade continua se apresentando como uma das numerosas variantes do judaísmo, mesmo começando a preocupar as autoridades religiosas.

Saulo por ele mesmo...

"Se um membro sofre, todos os membros sofrem com ele; se um membro é honrado, todos os membros se regozijam com ele. Vós todos sois o corpo de Cristo e, individualmente, sois membros desse corpo" (1Cor 12,26-27).

"O amor não faz nada de vergonhoso, não é interesseiro, não se encoleriza, não leva em conta o mal sofrido; não se alegra com a injustiça, mas fica alegre com a verdade. Ele desculpa tudo, crê tudo, espera tudo, suporta tudo" (1Cor 13,5-7).

"Irmãos, queremos levar ao vosso conhecimento a graça que Deus concedeu às igrejas da Macedônia. Com efeito, em meio a muitas tribulações que as provaram, a sua extraordinária alegria e extrema pobreza transbordaram em tesouros de liberalidade... Certamente conheceis a generosidade de nosso Senhor Jesus Cristo: de rico que era, tornou-se pobre por causa de vós, para que vos torneis ricos, por sua pobreza. Não se trata de vos pôr em aperto para aliviar os outros. O que se deseja é que haja igualdade: que, nas atuais circunstâncias, a vossa fartura supra a penúria deles e, por outro lado, o que eles têm em abundância complete o que acaso vos falte. Assim, haverá igualdade, como está escrito: Quem recolheu muito não teve de sobra, e quem recolheu pouco não teve falta" (2Cor 8,1-2.9.13-15).

Vivência

Reconciliação e comunhão

Paulo aceita, juntamente com Barnabé, voltar para Jerusalém para dar apoio àquela comunidade num momento difícil, não obstante os reveses enfrentados.

O perdão dado é sinal de grande maturidade humana. Quando perdoamos verifica-se em nós uma mudança de pensamentos, de significados percebidos e de atitudes em relação à pessoa ou aos eventos que nos feriram, nos limitaram, nos reprimiram. Diante disso, a culpabilidade, a acusação, o desejo de vingança ou de punição e a exigência de ressarcimento frequentemente perdem a importância que lhes havíamos anteriormente atribuído.

Perdoar significa desculpar, libertar o outro de uma culpa, e a experiência vivida não é mais revestida de rancores, mas considerada acabada. Cuidado, porém: isso não significa ignorar, remover ou esquecer, mas significa não julgar mais de uma forma negativa.

Durante o processo do perdão se desenvolve um diálogo íntimo, significativo e intenso; isso é traduzido na superação cognitiva, mental e intelectual de uma experiência que produziu desilusão, raiva, medo e ofensa... e para nós cristãos se torna também uma ocasião para o Espírito! Precisamente por ser também uma experiência espiritual, o processo do perdão acontece através de uma elaboração no próprio íntimo e é acima de tudo um perdão interior, só posteriormente se abrindo à comunicação/relação.

O perdão cristão passa por três momentos: no primeiro, a pessoa se une a Deus, pois dessa união nasce o modo correto de ver e julgar a ofensa, superando a fase da instintividade; no segundo, trabalha-se sobre si mesmo para predispor-se a agir em conformidade com a nova visão; no terceiro, age-se adotando uma nova modalidade de ver a ofensa e a pessoa que ofende.

Não se trata de "bancar os heróis". A disponibilidade a perdoar deve ser invocada do alto como uma graça que vem de Deus, um dom absolutamente gratuito ditado apenas pelo fato de que na nossa relação de amor com Deus se inserem também as várias situações de vida e consequentemente as relações interpessoais. Se amamos a Deus e percebemos quanto ele nos ama, procuraremos instaurar as nossas relações segundo o único critério do amor. Fora de um contexto de amor, o perdão não tem sentido nem qualquer justificação. Como também fora da relação de fé com Deus não se encontram motivos para perdoar...

Paulo foi capaz de comunhão porque primeiro se reconciliou com as próprias feridas, crescendo assim na liberdade de colocar à disposição, sempre mais radicalmente, os seus dons a serviço do Doador, para poder novamente doá-los aos irmãos. Perdão dado que encontra a sua fonte e a sua sustentação no perdão recebido de Deus.

Notas autorais

"O Amor me acolheu, mas a alma minha se retraiu / culpável de pó e de pecado. / Mas clarividente o Amor, vendo-me hesitar / desde o meu primeiro passo, / aproximou-se de mim, com doçura perguntando-me / se algo me faltava. / 'Um convidado', respondi, 'digno de estar aqui'. / O Amor disse: 'Tu o serás'. / 'Eu, o malvado, o ingrato? Ah, meu dileto, / não posso olhar para ti'. / O Amor me tomou pela mão, sorrindo, e respondeu: / 'Quem fez estes olhos, senão eu?' / 'É verdade, Senhor, mas eu os sujei: que vá a minha vergonha para onde merece'. / 'E não sabes', disse o Amor, 'quem tomou sobre si a reparação?' / 'Meu dileto, então servirei'. / 'É preciso que tu te sentes', disse o Amor, 'que tu proves o meu alimento'. / Assim, sentei-me e comi" (George Herbert – 1593-1633).

Orientação espiritual

Estar contentes em Deus e por Deus

Na tentativa de crescer na maturação da nossa identidade e colher a raiz dos nossos limites e do nosso pecado, somos orientados para Deus Pai, considerado como Criador, Providente, Pai que tem um desígnio de bondade sobre cada ser humano e o leva a cumprimento se entrarmos em colaboração com Ele. Esta reflexão nos leva a fazer as contas com as nossas resistências, com os problemas humanos não resolvidos, com os limites, com as feridas não curadas, com as ofensas feitas ou recebidas... Daí a necessidade forte de um abraço reconciliador com Deus e com o próximo.

Mas antes deste passo, embora necessário, é conveniente orientar a nossa reflexão sobre o fim da nossa vida. Ao chamar à vida o homem, Deus tinha um objetivo. A tradição espiritual considera que uma das tarefas a nós confiadas seja a de "dar glória a Deus", isto é, partilhar a alegria de ser filhos e aderir, depois da morte, à plenitude da alegria com ele. A "glória" de Deus, que também se manifesta na sua paixão pelo homem, manifestou-se continuamente na história da salvação e se revelou plenamente em Jesus, sinal concreto da sua presença no meio de nós e do seu bem infinito. "Dar glória a Deus" significa contribuir para tornar evidente a sua presença, manifestando a sua bondade.

Tudo aquilo que somos e que temos (as nossas coisas: o tempo, os bens, as oportunidades...; as nossas relações: a família, os amigos, os companheiros de estudo, os colegas...; os nossos momentos espirituais: as celebrações, a escuta da palavra de Deus, o confronto espiritual...) não pode ter senão um único objetivo: ser expressão da nossa relação com Deus, ser sinal da sua bondade.

É o próprio Jesus quem nos acompanha e nos guia para que fixemos o olhar em Deus, considerando-o a pérola preciosa da nossa vida. "Dar glória ao Pai" se torna, portanto, desejo e necessidade do coração de todo filho de Deus!

Disso decorre a necessidade de aprender as coisas de Deus, de nutrir a mente de pensamentos que nos fazem "voar alto". O binômio indispensável é o do conhecimento e do amor. À urgência do conhecer associa-se a necessidade do amar. Por outro lado, não se pode amar aquilo que não se conhece! Isso irá exigir também um pouco de empenho para encontrar aqueles espaços de tempo necessários para "instruir-nos" sobre o mistério de Deus mesmo.

O conhecimento favorecerá uma relação sempre mais profunda com ele, na qual se amadurece progressivamente: parte-se de uma situação de distanciamento, marcada talvez pela tristeza do pecado, e se chega a experimentar o amor de Deus! O imperativo é "subir", elevar cotidianamente os desejos do coração, "cada dia um pouquinho".

Também isso se desenvolve sob o olhar de amor de Deus que nos atrai, nos chama para si e nos torna pessoas capazes de pensar e de escolher de maneira livre e responsável. Nesta "subida" em direção ao abraço de reconciliação com Deus somos acompanhados por Maria, a Mãe de Jesus, que o Pe. Alberione imagina como uma "escada" pela qual se chega ao coração de Deus; com ela é menos árduo "escalar" os degraus da nossa maturação humana e espiritual. É ela, Maria, que "de Deus toma a graça para no-la entregar, de nós retira o amor próprio e o substitui pelo amor de Deus". Tudo com um coração de mãe![1]

Neste dia

Celebro o sacramento da reconciliação como dom de ternura e de confiança do Pai... E como sinal de alegria "vou festejar" com algum amigo/a.

---

[1] O texto integral que serve de base para a presente reflexão encontra-se no apêndice (6).

7º Passo
Interlúdio mariano

Glória ao pai

Quando Isabel estava no sexto mês, o anjo Gabriel foi enviado por Deus a uma cidade da Galileia, chamada Nazaré, a uma virgem prometida em casamento a um homem de nome José, da casa de Davi. A virgem se chamava Maria. O anjo entrou onde ela estava e disse: "Alegra-te, cheia de graça! O Senhor está contigo". Ela perturbou-se com estas palavras e começou a pensar qual seria o significado da saudação. O anjo, então, disse: "Não tenhas medo, Maria! Encontraste graça junto a Deus. Conceberás e darás à luz um filho, e lhe porás o nome de Jesus. Ele será grande; será chamado Filho do Altíssimo, e o Senhor Deus lhe dará o trono de Davi, seu pai. Ele reinará para sempre sobre a descendência de Jacó, e o seu reino não terá fim". [...] Naqueles dias, Maria partiu apressadamente para a região montanhosa, dirigindo-se a uma cidade de Judá. Ela entrou na casa de Zacarias e saudou Isabel. Quando Isabel ouviu a saudação de Maria, a criança pulou de alegria em seu ventre, e Isabel ficou repleta do Espírito Santo. Com voz forte, ela exclamou: "Bendita és tu entre as mulheres e bendito é o fruto do teu ventre! Como mereço que a mãe do meu Senhor venha me visitar? Logo que a tua saudação ressoou nos meus ouvidos, o menino pulou de alegria no meu ventre. Feliz aquela que acreditou, pois o que lhe foi dito da parte do Senhor será cumprido" [...]. [Sucessivamente] saiu um decreto do imperador Augusto mandando fazer o recenseamento de toda

*a terra – o primeiro recenseamento, feito quando Quirino era governa-
dor da Síria. Todos iam registrar-se, cada um na sua cidade. Também
José, que era da família e da descendência de Davi, subiu da cidade de
Nazaré, na Galileia, à cidade de Davi, chamada Belém, na Judeia, para
registrar-se com Maria, sua esposa, que estava grávida. Quando esta-
vam ali, chegou o tempo do parto. Ela deu à luz o seu filho primogênito,
envolveu-o em faixas e deitou-o numa manjedoura, porque não havia
lugar para eles na hospedaria. [...] E quando se completaram os dias
da purificação, segundo a lei de Moisés, levaram o menino a Jerusalém
para apresentá-lo ao Senhor, conforme está escrito na Lei do Senhor:
"Todo primogênito do sexo masculino será consagrado ao Senhor". Para
tanto, deviam oferecer em sacrifício um par de rolas ou dois pombinhos,
como está escrito na Lei do Senhor* (Lc 1,26-33.39-45; 2,1-7.22-24).

Aprofundamento bíblico

Quatro escolas marianas

A experiência de Paulo e a de Maria possuem em comum uma
mesma lógica: tudo se abre com uma narração de vocação (Lc 1,26-
38) que obriga a uma reconfiguração global dos próprios projetos e
do próprio percurso de vida. Se, percorrendo de novo a experiência
de Saulo, encontramos quatro "escolas" (Damasco, Jerusalém, Tarso
e Antioquia), na experiência de Maria podemos descobrir outras tantas, identificáveis com as páginas que Lucas insere no enquadramen-
to geográfico de Ain-Karem, Belém, Jerusalém e Nazaré. Na "primeira escola" (1,39-56), Maria, graças ao encontro com Isabel, colhe e
interioriza a misteriosa lógica divina, para si e para toda a história da
salvação, bem assinalada no canto do *Magnificat*. Nesta perspectiva,
Isabel assume o papel que, no caso de Saulo, foi desempenhado por
Ananias e Barnabé. Em Belém, "segunda escola mariana" (2,1-20),
Maria assiste perplexa à concretização da promessa no desconforto
de uma viagem que lhe retira qualquer segurança, justamente quando está para dar à luz o Filho de Deus. Mais uma vez a lógica divina

se revela exigente e desarmante: nada, nas palavras do anjo, permitia imaginar um cumprimento semelhante daquilo que estava sendo anunciado. Em Jerusalém, "terceira escola" (2,21-38), a oferta de si e do filho se cruza com o anúncio de uma espada de dor que já expõe a família de Nazaré àquele mistério pascal que perpassará todo o seu caminho; enfim, em Nazaré, Maria e José adotarão a escola do cotidiano, que em certos aspectos faz lembrar os anos de Saulo em Tarso: tudo se traduz numa longa e cotidiana espera, que se torna entrega e ato de fé renovado (2,39-40). Maria, nestas páginas de vida, que cobrem um arco cronológico de aproximadamente trinta anos, amadurece como mulher e como discípula, tornando-se sempre mais conforme àquele seu filho que por ela se deixa formar e crescer, ajudando-a, ao mesmo tempo, a seguir a escola dos tempos e da lógica de Deus.

Saulo por ele mesmo...

"Quando se completou o tempo previsto, Deus enviou seu Filho, nascido de mulher, nascido sujeito à Lei, para resgatar os que eram sujeitos à Lei, para que... todos recebêssemos a dignidade de filhos" (Gl 4,4-5).

"Haja entre vós o mesmo sentir e pensar que no Cristo Jesus. Ele, existindo em forma divina, não se apegou ao ser igual a Deus, mas despojou-se, assumindo a forma de escravo e tornando-se semelhante ao ser humano. E encontrado em aspecto humano, humilhou-se, fazendo-se obediente até a morte – e morte de cruz! Por isso, Deus o exaltou acima de tudo e lhe deu o Nome que está acima de todo nome, para que, em o Nome de Jesus, todo joelho se dobre no céu, na terra e abaixo da terra, e toda língua confesse: 'Jesus Cristo é o Senhor', para a glória de Deus Pai" (Fl 2,5-11).

"Pois a graça salvadora de Deus manifestou-se a toda a humanidade. Ela nos ensina a renunciar à impiedade e às paixões mundanas e a viver neste mundo com ponderação, justiça e piedade, aguardando a ditosa esperança e a manifestação da glória do nosso grande Deus e Salvador, Cristo Jesus. Ele se entregou por nós, para nos resgatar de toda iniquidade e purificar para si um povo que lhe pertença e que seja zeloso em praticar o bem" (Tt 2,11-14).

Vivência

Crescer nas "casas" da nossa mãe Maria

A maturidade da vida humana consiste na capacidade de integrar na vivência cotidiana o próprio passado com a novidade daquilo que acontece no hoje, deixando-se alcançar pelo estupor que nasce de um coração que espera em Deus.

Maria de Nazaré é a mulher e a discípula que soube integrar em si mesma a imprevisível novidade do chamado misterioso de Deus. Também a nós é solicitada a fadiga do caminho:

- a humildade de confiar, mesmo quando tudo é confuso, instável, misterioso;
- a força de reagir, mesmo quando tudo parece perdido, ordinário, apático;
- a capacidade de doar-nos em relações maduras, mesmo quando sentimos fortemente o impulso a gratificar, de forma egoística, as nossas necessidades de pertença, de afeto, de estima;
- a tenacidade do sim para sempre, mesmo quando a fidelidade parece ser um valor impossível de viver e conciliar com a própria autorrealização.

A ação de Deus não se desenvolve fora da história humana, mas cai na normalidade dos acontecimentos. Deus toma o mundo assim como ele é, mas prefere partir da periferia para realizar a sua promessa; Maria mesmo vem da periferia e é parte dos pobres de Deus.

Deus vem bater à porta da nossa frágil história, da nossa realidade difícil, do nosso pecado... porque é ali que deseja encarnar-se para transfigurar-se; é no nosso coração que quer derramar todo o seu amor. É na Nazaré do nosso coração que quer nascer, crescer e morar para poder partilhar a nossa humanidade pela qual deu a vida; sim, Jesus, o Nazareno, deu a vida por mim: a pobreza é liberdade e só a liberdade permite dar a vida! É só na nossa Nazaré que nós podemos crescer! E é só em Belém que podemos experimentar a fé, a confiança, o abandono providente nas mãos de Deus que por primeiro abandonou-se no ventre da mulher Maria.

Também nós somos chamados a gerar vida ao nosso redor, crescendo na integração entre a dimensão materna (ser amorosos, cuidar, dar a própria vida) e a paterna (exortar, encorajar, corrigir).

As estradas para viver, responder e anunciar o Evangelho de Jesus Cristo são a oração, a gratidão, a escuta. Maria nos acolha na sua casa para podermos aprender a acolher e visitar as casas do coração dos nossos irmãos.

Notas autorais

"Quanto são grandes as necessidades das tuas criaturas terrestres, meu Deus. Agradeço-te porque deixas que tantas pessoas venham a mim com as suas penas; falam tranquilas e sem suspeitas, e num instante põem para fora toda a sua pena e se descobre uma pobre criatura desesperada que não sabe como viver. E àquela altura começam os meus problemas. Não basta pregar-te, meu Deus, não basta exumar-te do coração dos outros. É preciso abrir-te o caminho, meu Deus, e para fazer isso é preciso ser um grande conhecedor do ânimo humano; relações com pai e mãe, lembranças juvenis, sonhos, sentimentos de culpa, complexos de inferioridade, em síntese, tudo. Em cada pessoa que vem a mim eu me ponho a explorar, com cautela. Os meus instrumentos para abrir-te a estrada nos outros são ainda bem limitados. Mas já existem, em certa medida; vou melhorá-los aos poucos, e com muita paciência. E te agradeço por este dom de poder ler nos outros. Às vezes as pessoas são para mim como casas com a porta aberta. Eu entro e circulo pelos corredores e quartos; cada casa é mobiliada de um modo um pouco diferente, mas no fundo é igual às outras; de cada uma se deveria fazer uma morada consagrada a ti, meu Deus. Te prometo, te prometo que procurarei sempre encontrar-te uma casa e um refúgio. No fundo é uma imagem engraçada: eu me ponho a caminho e procuro um teto para ti. Assim, há muitas casas vazias; eu as ofereço a ti como ao hóspede mais importante" (HILLESUM, E. *Diario 1941-1943*. Milano: Adelphi, 2003).

Orientação espiritual

Maria nos prepara para o encontro com o Pai

Maria nos foi apresentada como uma "escada" que favorece a nossa subida para Deus: a Mãe de Jesus tem uma relevância particular em cada caminho espiritual. Ela permanece sendo indubitavelmente a testemunha e o exemplo mais coerente ao qual uma pessoa humana possa olhar, por ter tido com Jesus uma relação única e irrepetível. Cuidado, porém, para não fazer dela um modelo inimitável.

Se nos é proposta, é porque nela podemos ver a mulher que se tornou discípula atenta e fiel de Jesus; aquela que se deixou guiar pelo Senhor, não sem esforço; aquela que procurou entender, que sofreu, que esperou, ansiou, partilhou o sofrimento do Filho; aquela, portanto, que cada um é chamado a imitar, refazendo os seus passos, para se tornar como Jesus, para assumir a "forma" de Jesus.

Depois de ter tomado consciência do nosso pecado – escassa atenção ao conhecimento de Deus, amor precário, relação com Deus sentida várias vezes apenas como um peso, vida cristã proclamada só em palavras... –, somos tomados pela mão por Maria (Jesus nos confiou a ela da cruz) e acompanhados no caminho para o Pai misericordioso.

O encontro com o Pai misericordioso, vivido no sacramento da reconciliação, constitui sempre uma experiência forte para o espírito, um momento decisivo. Ocorre uma autêntica regeneração! Este evento não pode deixar de gerar em nós convicções profundas e impelir a vontade a decidir-se pelo bem, fazendo florescer a escolha pessoal, determinada e concreta.

Escolher de abandonar "o" pecado (como lugar onde é colocada a raiz má da qual provêm todos os pecados) comporta uma decisão forte: uma "determinação especial" para viver "bem" a vontade de Deus, isto é, para viver o cotidiano com firmeza e fidelidade.

A conversão não pode ficar circunscrita ao momento sacramental vivido, mas deve traduzir-se numa atitude permanente de vida; o que significa permanência no amor, mudança de mentalidade, rejeição de horizontes puramente humanos ou propostos ora aqui, ora ali, decisão séria de estabelecer a própria vida, o hoje e o aqui, sobre os valores que escolhemos, que vêm de Deus e que nos preparam para uma partilha plena com ele.

Isso significa, definitivamente, "viver em novidade de vida". Será sempre Maria, a Mãe de Jesus, a manter-nos nesta atitude. Ela, que viveu de modo único o encontro com Deus, nos toma pela mão e estará ao nosso lado para fazer uma tríplice experiência:

- a de "ouvir a vontade de Deus", ocasião em que, além de discernir a vontade do Pai, é preciso que a pessoa "ouça" o projeto de Deus, perseguindo-o com entusiasmo, com sentimento, como uma realidade que faz vibrar fortemente as cordas do coração;
- a de colocar em segundo plano "a voz externa das riquezas, honras e prazeres...", de modo que Deus realmente assuma o primeiro lugar, o justo lugar, razão pela qual tudo o mais, tudo mesmo, seja relativizado;
- a de valorizar ao máximo os dons que Deus coloca à nossa disposição: a oração, "humilde, constante e confiante"; a referência a Jesus presente na Palavra e na Eucaristia; o confronto com uma pessoa sábia, escolhida com todo cuidado, um homem ou uma mulher de oração e de fé madura.[1]

---

[1] O texto integral que serve de base para a presente reflexão encontra-se no apêndice (7).

Neste dia

Deixo-me acolher por Maria e a ela narro a experiência dos exercícios vividos até este momento. No final deste encontro particular, concedo-me um tempo de "atenção" a ser dado e recebido na relação com os outros (a visita a um doente, o voluntariado num serviço prestado aos pobres, a disponibilidade para dar aulas suplementares a algum jovem em dificuldade na escola etc.).

8º Passo
Rumo à missão

Glória ao pai

Na Igreja que estava em Antioquia havia profetas e mestres: Barnabé, Simeão, chamado o Negro, Lúcio de Cirene, Manaém – que fora criado junto com o tetrarca Herodes – e Saulo. Certo dia, enquanto celebravam a liturgia em honra do Senhor e jejuavam, o Espírito Santo disse: "Separai para mim Barnabé e Saulo, a fim de realizarem a obra para a qual eu os chamei". Jejuaram então e oraram, impuseram as mãos sobre Barnabé e Saulo e os deixaram partir (At 13,1-3).

Aprofundamento bíblico

Os caminhos da missão

A Igreja de Antioquia é particularmente "abençoada" por Deus: nela resplandecem os carismas do Espírito (lá encontramos profetas e doutores), a capacidade de caminhar juntos (Barnabé, originário de Chipre, trabalha em estreito contato com Lúcio, proveniente de Cirene, com Manaém, que pertencia à *entourage* de Herodes e com Saulo, ex-perseguidor), a variedade das proveniências (encontramos também Simeão, chamado o Negro), a escuta da vontade de Deus, num discernimento que passa através dos caminhos da oração e do jejum. Os tempos estão maduros para transformar a experiência vivida em partilha de vida: a Palavra, quando assume a dimensão de uma experiência de vida, pressiona para traduzir-se em anúncio. O Espírito confia tudo isso a Barnabé e a Saulo. Assim este último se abre àquela que será uma autêntica experiência missionária, caracterizada desde o início por dois aspectos: o envio da comunidade (Saulo não é, nesta fase, líder da missão, mas enviado e representante de uma comunidade; é esta que, deixando-se guiar pelo Espírito, envia os seus delegados) e a comunhão de vida (Saulo não é enviado sozinho, mas junto com Barnabé que, no começo, é mencionado por primeiro, por ser o responsável pela missão). Lucas especifica que todos rezam e impõem as mãos sobre duas pessoas escolhidas pelo Espírito, sinal que reforça a participação de toda a comunidade na experiência de Barnabé e de Saulo. Este impulso para além dos muros da cidade será decisivo para a configuração da identidade cristã, pois irá submeter o Evangelho ao desafio da inculturação e daquela encarnação necessária para que o Verbo possa continuar a fazer-se carne e a plantar a sua tenda no coração de cada ser humano. Barnabé e Saulo partem, provavelmente sem saber o que os espera; partem com uma vida carregada de experiências a serem partilhadas, mas, sobretudo, com um coração de discípulo, disponível para se deixar plasmar, dia após dia, dócil àquele Espírito que dispõe todas as coisas no caminho da missão.

Saulo por ele mesmo...

"O Deus da constância e da consolação, vos dê também perfeito entendimento, uns com os outros, como ensina o Cristo Jesus. Assim, tendo como que um só coração e a uma só voz, glorificareis o Deus e Pai do nosso Senhor Jesus Cristo. Por isso, acolhei-vos uns aos outros, como Cristo vos acolheu, para a glória de Deus. Pois eu digo: Cristo tornou-se servo dos circuncisos, para mostrar que Deus é fiel e cumpre as promessas feitas aos pais. Quanto aos pagãos, eles glorificam a Deus por causa de sua misericórdia, como está escrito: 'Por isso eu te glorificarei entre as nações e cantarei louvores ao teu nome'. A Escritura diz ainda: 'Nações, alegrai-vos junto com seu povo', e, em outra passagem: 'Nações, louvai todas o Senhor e aclamem-no todos os povos'" (Rm 15,5-11).

"Irmãos, quando fui até vós anunciar-vos o mistério de Deus, não recorri à oratória ou ao prestígio da sabedoria. Pois, entre vós, não julguei saber coisa alguma, a não ser Jesus Cristo, e este, crucificado. Aliás, estive junto de vós com fraqueza e receio, e com muito tremor. Também a minha palavra e a minha pregação não se apoiavam na persuasão da sabedoria, mas eram uma demonstração do poder do Espírito, para que a vossa fé se baseasse no poder de Deus e não na sabedoria humana" (1Cor 2,1-5).

"Para que sejais irrepreensíveis e íntegros, filhos de Deus sem defeito, no meio de uma geração má e perversa, na qual brilhais como luzeiros no mundo, apegados firmemente à palavra da vida" (Fl 2,15-16).

Vivência

Partir é viver...

Transformar a experiência vivida em partilha de vida: esse é o objetivo de todo o crescimento integral da pessoa.

A vida espiritual é caminho de progressiva conformação a Cristo e assimilação dos seus sentimentos e do seu estilo de vida através de escolhas de valores e da adesão coerente àquilo que se escolheu. Tal percurso dura toda a vida e envolve de modo unitário toda a nossa pessoa: a nossa mente, a vontade, o coração, as forças físicas. Portanto, formar-se na escola da vida é, para cada um, compromisso, responsabilidade e dom:

- é *compromisso* porque se trata de integrar na própria identidade pessoal os valores e as atitudes ligadas à escolha de Cristo. É importante que cada um seja formado para a liberdade de aprender para toda a vida e a deixar-se formar pela vida de cada dia pela comunidade, pelo estudo, pelos afetos, pelas alegrias, pelas dores;

- é *responsabilidade* porque pede a cada um que favoreça, nas relações, o seu ser lugar privilegiado do encontro com Deus; que testemunhe a possibilidade de encontrar-se na diversidade; que viva uma partilha simples, factual, operosa, atenta, espaço habitado pelo divino. Isso, obviamente, não exclui a fadiga e a dificuldade, porquanto a comunhão deve sempre ser buscada e construída a partir daquilo que cada um é, nos seus inumeráveis dons, mas também nos seus limites, nas suas pobrezas ou imaturidades;

- é *dom* enquanto o ser humano se exprime de modo pleno na relação, e graças a esta se desenvolve e cresce. Desde os primórdios da Igreja essa modalidade de crescimento e desenvolvimento foi bem acolhida e expressa através da vida comunitária que se torna eloquente manifestação do sublime e ilimitado Amor e, portanto, lugar privilegiado para o crescimento pessoal.

Ricoeur lembra que somos chamados a "ser adversários do absurdo e profetas do significado". Trata-se de dar valor à fidelidade como capacidade de olhar além, tornando-se responsáveis pela história pessoal e comunitária, que é história de salvação.

Este é um dos desafios/testemunhos da vida cristã hoje: para evitar a ambiguidade e a ilusão intrínsecas às dinâmicas mesmas do amor, é preciso que esteja claro o horizonte dentro do qual buscá-lo, construí-lo e anunciá-lo, isto é, a consciência de que só Deus é amor e que a gratuidade no amor não provém de nós, mas é puro dom. É o único Pai que nos torna capazes de colher, acolher e doar o "a mais" do amor presente nos sulcos da nossa cotidianidade.

Notas autorais

"Não há alegria para o eu nos limites do eu. Está no dar e não no obter; no servir, e não no receber. Todos estamos providos de talento, atitudes e capacidades; entretanto, o talento sem a devoção, a atitude sem a vocação e a capacidade sem a dignidade espiritual levam à frustração. O que quer dizer dignidade espiritual? É a ligação da alma com uma meta que se encontra não dentro, mas do lado de fora do eu.

Este é, precisamente, o mistério do eu, inexplicável em termos de análise psicológica. Tal como o nosso sentido do inefável ultrapassa todas as palavras, da mesma forma o impulso à generosidade e a força para a transcendência de nós mesmos vão além de todo interesse e desejo. [...] Não é um mal levar em conta o eu; o mal surge quando se atribui ao eu aquilo que não lhe compete" (HESCHEL, A. J. *Deus em busca do homem*. São Paulo: Arx, 2006).

Orientação espiritual

Assumir a "forma" de Jesus para contagiar-se com a vida nova

As várias experiências vividas por Paulo – na comunidade de Jerusalém, no período de deserto, no decepcionante retorno a Tarso, na inserção na comunidade de Antioquia – prepararam-no indubitavelmente para ser discípulo de uma forma decidida e fiel. Acompanhado pela amizade de Jesus, pela força do Espírito, ei-lo enviado a anunciar o Evangelho, em nome da comunidade e como colaborador de Barnabé.

Também nós, a esta altura do caminho, estamos prontos para viver de forma contagiante a nossa cotidianidade. Mas antes de retomar o caminho, vamos nos lembrar de algumas coisas:

- partimos com o desejo e o convite a pôr ordem na nossa vida, para poder iluminar as profundidades do nosso íntimo;
- demos um nome aos nossos desejos e aos nossos medos que às vezes não nos permitem aceitar o desafio de nos tornarmos um outro Jesus;

- fomos convidados a frequentar de modo estratégico alguns "cursos" para crescer na semelhança com Jesus: a rejeição da mentalidade egoística; a mortificação, entendida como forma estratégica que nos permite não diminuir o passo; a oração como espaço de relação com Jesus; o exercício da vontade como espaço de liberdade.
- posteriormente fomos conduzidos na dimensão relacional com Deus, trazendo à lembrança como ele se revelou a nós, dando-nos a vida através do "sim" dos nossos pais e sustentando-nos em nosso caminho. Um percurso apoiado sobre duas perguntas fundamentalmente essenciais ("Quem é Deus?", "Quem sou eu?") e marcado por emoções e sentimentos, tais como estupor, alegria, amor;
- deste modo nos inserimos no misterioso mundo da providência de Deus, marcado por pessoas, fatos, situações de vida etc., por trás dos quais se pode colher com paixão a vontade de felicidade de Deus por nós;
- tudo isso nos colocou na condição de "subir" em direção ao abraço de reconciliação com Deus, sentindo nascer em nós o desejo de uma vida cristã madura e responsável;
- nesta subida, em Maria nos foi indicada uma "escada": a sua experiência de mulher, mãe e discípula atenta é um indiscutível ponto de referência.

Assim estamos prontos, portanto, para "contagiar" com aquilo que vivemos a nossa cotidianidade e as nossas relações. Provavelmente já fizemos experiências belas e positivas de anúncio ou de serviço; muitas, quem sabe! Mas agora é preciso dar um passo diferente: é necessário "ser apóstolos", isto é, tornar-se espaço no qual Jesus possa exprimir-se, falar, chegar até os outros. Através de nós, ele quer continuar a:

- *indicar*: neste verbo está contida a ideia de ensinar, guiar, orientar. Jesus se torna aquele que nos revela a verdade profunda sobre nós mesmos; não só, mas ele mesmo é a Verdade;

- *percorrer*: Jesus não se limita a indicar de modo desinteressado, mas se envolve primeiro! Ele por primeiro percorre o caminho da busca da vontade de Deus, e é por isso que é o Caminho, aquele de quem aprender as atitudes para caminhar na liberdade;
- *tornar-se veículo*: Jesus conhece bem a nossa fragilidade e fraqueza e sabe que não basta indicar o caminho e dar o exemplo. Portanto, ele nos pega pelo braço e se torna o nosso "meio de transporte": é ele, a Vida, que se torna fonte de energia, força espiritual, insubstituível companheiro de viagem.

Isso envolve toda a nossa pessoa, chamada a assimilar a Jesus todas as faculdades e potencialidades:

- a *mente*: a atividade intelectual (pensamentos, raciocínios, reflexões, avaliações e juízos) é chamada a ser a de Jesus;
- a *vontade*: tudo o que é movido pela vontade (palavras, obras, escolhas práticas, orientações de vida etc.) deve conformar-se ao estilo relacional e de busca da vontade do Pai de Jesus;
- o *coração*: os sentimentos, os desejos, os afetos, os sonhos devem sintonizar-se com os de Jesus, de modo que todo o nosso ser assuma os seus traços.

Isso nos levou a um momento de virada em que, provavelmente, intuímos a força da proposta cristã: não se trata de observar normas, mas de experimentar a força do Ressuscitado, vivo em meio a nós e dentro de nós, que deseja falar através das nossas palavras, acolher através dos nossos gestos, levar o amor do Pai através das nossas escolhas de vida...

Termina aqui a primeira etapa do caminho que deve ser bem interiorizada antes de afrontar as outras duas. A segunda nos levará a um conhecimento mais aprofundado de Jesus e – através do florescimento da mente, da determinação da vontade e da beleza do coração – nos ajudará a nos tornarmos uma pessoa nova nele; a terceira nos fará deter-nos sobre o dinamismo do Espírito Santo em nós, aquele

Espírito que se torna nosso aliado na bela obra de conformação do nosso rosto ao de Jesus.

Tudo isso tem uma única moldura: a relação, o amor, dimensão essencial ao nosso viver, agir, escolher![1]

Neste dia

Escolho uma senha que represente simbolicamente o dom recebido nesta experiência de "treinamento" espiritual. Além disso, defino um compromisso pequeno, concreto e factível, com o qual viver e testemunhar Jesus no cotidiano.

---

[1] O texto integral que serve de base para a presente reflexão encontra-se no apêndice (8).

Ao final dos exercícios
Sair ou permanecer?

No começo do nosso itinerário fomos convidados a "entrar" nos exercícios espirituais com o desejo de intimidade e de encontro com o Senhor, tendo consciência da nossa fragilidade. Agora seria natural que esperássemos o convite para "sair" dos exercícios... Mas o ponto – ou o desafio – é precisamente o de "permanecer": permanecer no amor de Jesus (cf. Jo 15,9), permanecer "conectados" em Deus, para que o dom recebido possa ser "mantido" e, ao mesmo tempo, "partilhado".

Viver os exercícios espirituais no cotidiano significa caminhar e assumir gradualmente os traços de Jesus: a sua bondade, a sua capacidade de escuta, a sua prudência, a sua gratuidade no querer bem etc.

Quando nasce uma criança, espontaneamente procuramos identificar no seu rosto os traços do rosto dos pais; em nosso rosto interior levamos impressos os contornos do rosto de Deus: o fruto dos exercícios espirituais é justamente o de trazer à luz toda a nossa beleza e semelhança com Deus, para que outros, encontrando-nos, possam sentir pousado sobre eles o olhar de Deus, a sua ternura, o seu amor.

Portanto, não somos convidados a "sair" dos exercícios, mas a neles "permanecer", ou, mais precisamente, a deixar que ele, Jesus, permaneça em nós como interlocutor privilegiado. Isso exige que se cultive a relação com ele cotidianamente através da *oração*, do *compromisso* concreto que identificamos, da *fidelidade aos nossos deveres cotidianos* que, embora continuando os mesmos, receberão um enfoque original: será ele, Jesus, a vivê-los "conosco" e "em" nós...

É isso que faz a diferença. E que diferença!

Apêndice
Donec formetur Christus in vobis

A seguir, reproduzimos o texto do Pe. Tiago Alberione, *Donec formetur Christus in vobis,*[1] que serviu de pano de fundo deste livro.

Primeiro passo

Preâmbulo
"Vivit in me Christus."
"Conceptus est de Spiritu Sancto."
"Si quis diligit me, ad eum veniemus."

Os Exercícios e o Noviciado
As normas e os princípios que se dão para os Exercícios Espirituais em grande parte valem também para o Noviciado.

Os Exercícios Espirituais e o Noviciado são *Exercícios* de virtude, de práticas de piedade, de pensamentos divinos, para fazer morrer o homem velho e fazer viver em nós Jesus Cristo.

Purificados, portanto, a mente, a vontade, o coração, é necessário exercitar a mente naqueles pensamentos divinos, naquela piedade,

---

[1] *Donec formetur Christus in vobis*: meditações do Primeiro Mestre. Tradução: Sandra Pascoalato. São Paulo: Paulus, 2007. pp. 175-189, 196-197 e 247-249.

e virtudes com os quais se deseja depois continuar a vida e entrar na eternidade.

Para reordenar a vida em linha direta com a eternidade, é necessário ao menos algum espaço de tempo; para libertar-se das coisas criadas e familiarizar-se com o céu, um intervalo entre Vida e Eternidade.

Em união com a vida retirada de Jesus Cristo; no Cenáculo do Espírito Santo com Maria Santíssima; com a vida de São Paulo no deserto...

Segundo passo

A ação santificadora da alma consiste na nossa transformação em Deus *"ut homo fieret Deus"*, através do alimento Jesus Cristo: alimentando-nos cada dia de Jesus Cristo caminho, verdade e vida. Este é o alimento que Deus deu ao homem. É necessário comer e assimilar este alimento. Deus preparou a mesa: *"compelle intrare"*.

De uma parte, portanto, graça: Eucaristia, Evangelho (Missa, Comunhão, Visita); *de outra*: cooperação, meditação, exame de consciência, confissão, direção espiritual. *"Non ego autem, sed gratia Dei mecum"*, *"Cooperatores enim Dei sumus"*.

É necessário: o exame de consciência, feito com método, três vezes ao dia.

A comunhão e a visita inspiradas nos três fins, *"Induat te Dominus novum hominem"*.

A meditação com os exercícios da memória, inteligência, vontade.

O exercício da mortificação para formar uma vontade indiferente perante as coisas criadas: saúde ou enfermidade, louvor ou humilhação, riqueza ou pobreza etc. *"Christus non sibi placuit."* Mortificação da inteligência, da memória, da vontade, da fantasia, do coração, dos sentidos externos. Isso detalhadamente; de modo tal que esses santos excessos e a repetição frequente realizem logo o costume e a morte do homem velho. *"Exuat te Dominus veterem hominem."*

Desse modo, com a mortificação se possuirá o caminho Jesus Cristo; com o Evangelho e a meditação se viverá a verdade Jesus Cristo; com a Comunhão, Visita, Missa se terá a vida de Jesus Cristo. *"Donec formetur Christus in vobis."*

* * *

I Obstáculo: o desânimo. É a generosidade que assegura o fruto.

II Obstáculo: querer ouvir ou ler muito. É necessário exercício da inteligência, da vontade, do exame.

III Obstáculo: a preguiçosa confiança em Deus daquele que se sente pouco fervoroso: é necessário, ao invés, muita mortificação e começar a praticar e viver os propósitos que se quer fazer para o resto da vida.

IV Obstáculo: a confiança orgulhosa em nós mesmos: é necessário, ao invés, muita reflexão e oração, mental e oral, mais que outros exercícios de piedade. As graças são obtidas pela oração. Ler: *O grande meio da oração*, de Santo Afonso.

V Obstáculo: muitas almas entram nos Exercícios sem a consciência do que eles são, sem fervor: são aquelas que já desde o início não têm intenção de se corrigir e de extirpar certas fraquezas, vícios, hábitos de vida. Talvez todo o resto; mas não o que contaria diante de Deus e que deixaria a alma livre para correr no caminho da santificação.

Terceiro passo

Necessidade

A orientação da vida em direção ao Céu é necessária para quem se desviou da estrada, para quem ainda não a percorre bem, e também para quem caminha ligeiro, e para quem deve eleger o estado de vida. Os desvios são fáceis, considerando a agitação do mundo, das paixões, do demônio. A formação é necessária para que vivamos de Jesus Cristo: *donec formetur Christus in vobis*, e com maior razão quando se deve ser *forma* para outros, *"forma factus gregis ex animo"* (1Pd 5,3).

A oração toque também o sentimento pelo qual somos excitados à confusão.

Se a alma se encontra na desolação ou na aridez, poderá fazer maior uso da leitura e da oração, até que se encontre bem nutrida e saboreie alguma coisa. Enquanto isso se humilhe e espere serenamente a misericórdia divina.

A Escola de Nazaré

"*Donec formetur Christus in vobis*" (Gl 4,19).

A formação deve modelar-se sobre o Divino Mestre: trinta anos de vida oculta.

Exige, portanto:

1. *Fuga*: afastar-se do mundo, o qual é a escola oposta à do Divino Mestre: postulado, noviciado, profissão temporária; busque-se a solidão e a companhia dos Santos.

2. *Mortificação interna*: da memória, fantasia, orgulho, coração etc.; *externa*: tato, audição, olhar, paladar, olfato, cumprimento de um horário, programa.

3. *Oração*: "*Sine me nihil potestis facere*", portanto, presença aos Santos Sacramentos, devoção a Nossa Senhora, a São Paulo, visita, exame de consciência. A palavra de São Paulo é muito clara: "*Neque volentis, neque currentis, sed miserentis est Dei*" (Rm 9,16). É necessário entrar no reino da Misericórdia e colocar-nos sob tal governo ou dominação.

4. *Studium perfectionis*: isto é, *querer* ter êxito na ciência divina, na perfeição da vontade, na santidade da vida.

Quarto passo

Glória ao Pai

"*Domine, noverim me, noverim Te,*
Nec aliquid cupiam nisi Te."

"Haec est vita aeterna, ut cognoscant
te et quem misisti."

Quem é Deus? O ser necessário: *"Ego sum qui sum". "Tu solus Dominus"*: puro espírito: suprema grandeza: por ciência, potência, eternidade, onipotência, glória, perfeitíssimo. Não necessita de ninguém, felicíssimo em si mesmo... "Meu Deus e meu tudo."

Consequência: a) Admiração: consideração – primeira parte da visita. b) Louvor perene, total, por toda criatura. c) Amor *perfeito* "como bem infinito, sobre todas as coisas".

Em união com as Três Pessoas e com os Anjos *"sanctus..., laudate..., benedicite...".*

Quem sou eu? Ser contingentíssimo: "tu és aquele que não é". És nada, enquanto alma e corpo, por ti mesmo és nada, quanto ao ser e ao agir, por ti mesmo: imperfeitíssimo.

Consequências: Verdade humilde: por ciência, poder, vida, existência: sou o nada.

Vida na posição certa: no princípio e fim – Respeito, honra.

A humildade do coração: fruto geral.

Deus Criador

Cria o universo: suprema dignidade e poder divino.

Os espíritos: belos, numerosos, destinados a alta meta.

As coisas materiais: a quantidade, a variedade, a ordem.

O que sou eu entre todos os seres, entre os possíveis, entre os mais perfeitos, aqueles que se concretizam?

Cria o homem: coroa dos seres visíveis. Imagem e semelhança divina quanto à alma; *"lutum"* quanto ao corpo. Capaz de se tornar semelhante a Deus, ao animal, ao demônio.

Os dons: integridade, graça, ciência, imortalidade.

O pecado original: sinal de suprema fraqueza no homem: causa de ruína espiritual; ignorância, sujeito às tentações e concupiscência, mortalidade e dores; pecado; explicação do mal e dos males do mundo.

A humildade do coração: fruto geral.

Quinto passo

Deus Governador

"Universa quae condidit Deus,
providentia sua tuetur et gubernat
attingens a fine usque ad finem fortiter
et disponens omnia suaviter."

Com a sua lei

a) *Eterna*: que necessariamente tem uma finalidade; ordem, direção de cada ação e movimento: *"ab aeterno ordinata sum"*; sapientíssima cada uma de suas ordens.

À qual devo me conformar: assumindo a vontade de Deus como *lei suprema e máximo ato de amor* (v. Dresselio "Eliotropo" [Eliotropio]).

b) *Natural*: "uma vez que a lei eterna está escrita na consciência e mente de cada pessoa e assim se torna natural". É, para cada pessoa, fácil, imutável, necessária.

c) Profundo exame sobre *os mandamentos* (de lei natural, se se excetua a circunstância do sábado).

Para viver como homens honestos: finalidade especial da primeira parte dos Exercícios Espirituais.

Exame – Instrução

Vontade de Deus é o grande sol para o qual a alma, como o girassol, deve estar sempre dirigida.

Vontade de Deus: nos superiores; nos acontecimentos; no interior de si mesmo. *"Doce me facere voluntatem tuam, quia Deus meus es tu"* (Sl 142).

Mandamentos. Aqui é necessário passar todos os mandamentos para ver como foram observados.

Para se tornar: cristãos, religiosos, sacerdotes, é preciso antes ser pessoa humana.

Virtudes naturais: justiça, prudência, temperança, fortaleza.

A humildade do coração: fruto geral.

Sexto passo

O nosso fim

"Momentum a quo pendet aeternitas."

1. Ontem não existíamos: mas fomos criados por Deus. *"Ipse nos fecit et on ipsi nos."*

Para que lhe déssemos glória sobre a terra.

Para que, glorificando-o, participássemos da sua felicidade no céu.

2. Hoje nós existimos! Mas suspensos entre as duas eternidades.

Escolhemos aquela que queremos.

Nós mesmos a construímos.

O não trabalhar para o céu significa perder-se. *"Homo aeternitatis sum."*

3. Por isso nos deu dois tipos de meios: *naturais*, isto é, inteligência, vontade, memória, e os sentidos externos, com a vida, os bens materiais, sociais, familiares; e os meios *sobrenaturais* que são a fé e a graça para crer e trabalhar de modo digno em vista do nosso fim sobrenatural.

Fim das criaturas

1. Servir ao homem, que as usa para servir a Deus sobre a terra a fim de obter a bem-aventurança eterna louvando a Deus. Existem três ordens de criaturas: físicas (terra, plantas, corpo, animais, elementos etc.), que possibilitam o progresso físico; morais (inteligência, coração, família, convívio social, responsabilidades diversificadas na sociedade); espirituais (sacramentos, sacerdócio, vida religiosa etc.).

2. O uso delas torna a vida boa e a eternidade feliz; o abuso delas é a ruína eterna. O uso do tempo, das casas, das roupas, do alimento etc.; o uso da família, da inteligência, do coração, das suas paixões, das relações sociais etc.; o uso dos sacramentos, da leitura e da Escritura, do mestre e do confessor etc. O abuso do dinheiro, do prazer dos sentidos, da tendência à vanglória; o abuso da mente, das paixões, da liberdade, da família, da posição social etc.; o abuso da Presença Real, das ocasiões dos méritos, da instrução religiosa, da graça etc.

3. As criaturas dadas a nós para o bem podem todas tornar-se *ocasião* de abusos, especialmente depois do pecado original: pela rebelião que este pecado causou nas coisas, pela rebelião dos sentidos contra a razão, desta contra Deus, do tempo contra a eternidade. Por isso, devemos caminhar segundo o exemplo de Jesus Cristo, que delas fez *uso* corretíssimo, a isso nos instruiu com a palavra; ganhou a *graça* para nós.

* * *

1. Ser *superiores*, não escravos delas, com a razão, com a fé, com a graça; conforme a vontade de Deus.

Ser *indiferentes* a elas quando elas são *indiferentes* pela própria natureza: honra, saúde, talento, vida, ocupações etc. São Paulo: *scio et humiliari, scio et abundare; et satiari et esurire; et abundare et penuriam pati.*

2. Abster-nos: de tudo o que nos impede: *abstine*, isto é, mortificação quando existirem perigos. De nossa parte, sempre mais prefiramos pobreza, desprezo, encargo humilde. Orientemos: mente, vontade, memória, sentidos externos.

3. Pegar tudo o que ajuda: *sustine* o melhor possível e o máximo possível de tudo o que contribui para o serviço de Deus:

a) das virtudes e dons do Espírito Santo;

b) dos meios de santificação: sacramentos, missas, exame de consciência, visitas, meditações, oração;

c) horário, deveres do estado, vida comum.

A verdadeira propriedade do homem

1. O paraíso é nosso tudo e único *destino*: nosso porque Deus nos criou para ele e Nosso Senhor Jesus Cristo reabriu para nós o paraíso perdido. Não é nosso fim conquistar riquezas, honrarias, prazeres. Toda a criação tem natureza de *meio* e nos é dada para nosso uso; mas nos será tirada e quem a procura terá aflição. *Vanitas vanitatum... Inquietum...* Ao invés, o paraíso... *Simile est regnum caelorum... inventa una pretiosa... dedit* omnia *et comparavit* eam.

Simile est thesauro in agro... vendidit omnia *et* emit *eum.*

2. Satisfaz totalmente: é visão beatífica, amor, júbilo; assim fica satisfeita a mente, a vontade, o coração, com as alegrias acidentais também a parte sensitiva: o *corpo glorioso*, a impecabilidade, a isenção dos males. Será *proporcionada* aos méritos: isto é, ao amor de Deus e ao amor das almas; é a única coisa verdadeiramente *nossa* e eterna.

3. O pensamento do céu deve: desapegar-nos da terra e fazer-nos usar tudo como meio; tornar-nos fervorosos porque *"unusquisque mercedem accipiet secundum..."*; preparar para nós mesmos o desejo do céu, *cupio dissolvi*, e tornar este desejo o rei dos desejos, produzindo sede de méritos, de perfeição, de almas.

Fim de Deus

1. Fim último: a glória de Deus...

2. Sobre a terra tanto mais se alcança quanto mais é perfeita a ciência e o amor de Deus. O conhecimento de Deus que vai da ignorância, do erro, até o pensar como Deus em Jesus Cristo. É o estado das almas que estão sempre unidas a Deus e nele tudo veem, julgam, dispõem. A instrução religiosa, a boa leitura, mas sobretudo a infusão da fé, da sabedoria e do conhecimento de Deus realizam este estado.

Aperfeiçoar o conhecimento de Deus; depois, evitar o pecado, e também o temor *serviliter servilis*, transformá-lo em filial. Elevar-se portanto nos verdadeiros graus do amor de Deus: tristeza pelo pecado; benevolência e desejo da glória de Deus; complacência da divina glória e perfeição; viver de amor de Deus.

3. Eleva-se da ignorância, da ciência humana, do ódio ao pecado mortal, ao venial, e ao amor próprio: até à ciência de Deus, ao amor puro de Deus, um pouquinho cada dia.

Aperfeiçoa-se com o amor a Jesus: *quis vos separabit a charitate Christi*? Nada! A escada é Maria que de Deus recebe a graça para dá-la a nós, tira de nós o amor próprio e o substitui pelo amor de Deus.

Sétimo passo

A escada é Maria, que de Deus toma a graça para no-la conceder; de nós tira o amor próprio e o substitui pelo amor de Deus.

Misericórdia[2]

1. Caído Adão, o Pai revela a distância o Reparador; caído o pecador, permanece a confissão, a misericórdia.

Levar a misericórdia ao homem é a razão da encarnação: refletida na moeda procurada, na ovelha encontrada, no filho pródigo.

2. Por que foi embora da casa paterna? Era jovem! Desejo de liberdade.

Como se afundou no mal? – Longe do pai – vivendo *"luxuriose"* – dissipou tudo.

Como volta ao pai? Abandonado pelos amigos, reduzido à extrema miséria, medita, confia no pai.

Como é acolhido? É antecipado, recebe o que antes possuía, e mais ainda.

3. Seja qual for o estado da alma, espere! Quem foi pecador, sobreabundando a graça, pode subir, com a penitência, muito alto.

Grave responsabilidade de quem não aproveita da misericórdia.

---

[2]   DFst, DF ms 36, p. 249.

Propósitos[3]

1. À meditação sobre o fim do mundo seguem as *primeiras* resoluções. Nelas emprega-se o tempo conveniente, de acordo com a dificuldade e importância especial.

    a) A primeira é o abandono do pecado, a conversão, a confissão com disposições profundas.

    b) A segunda diz respeito à escolha do estado (se ainda não foi feita) de acordo com o olhar de Deus e as nossas vantagens eternas.

    c) A terceira é a determinação especial para cumprir bem a vontade de Deus e prover à eternidade no especial estado escolhido, abraçado.

2. Aqui é necessário: a) sentir a vontade de Deus; b) considerar as coisas à luz da eternidade.

É necessário que silencie totalmente a voz externa das riquezas, honras, prazeres; tanto que o coração se sinta indiferente a tudo [o] que é mundo, vida, egoísmo.

3. Dadas essas disposições, três são os meios:

a) oração humilde, constante, confiante;

b) pensar diante do tabernáculo e do sepulcro aberto;

c) aconselhar-se bem, com pessoa sábia, piedosa, prudente.

O fruto será correspondente a estes santos propósitos; isto é, retamente escolhidos, profundamente sentidos, acompanhados pela divina misericórdia.

Oitavo passo

O homem, portanto

Saído das mãos de Deus para glorificá-lo na eternidade, o homem deve fazer uma viagem de prova que se chama vida. O Pai

---

[3]   DFst, DF ms 32, p. 247.

mesmo mandou o seu Filho, Mestre, para indicar, percorrer, fazer-se veículo do homem; de modo que, no fim, o homem será julgado se se conformou a tal Filho: na mente, na vontade, na vida; consistindo em tal conformidade o amor; a fim de que quem amou continue o seu amor, recompensa para a eternidade; e quem não amou, fique longe de Deus por toda a eternidade.

Como o mundo é reino de Deus imperfeito devido aos estragos humanos e ao joio, a eternidade será reino de Deus perfeito também em relação ao homem: eterna glorificação de Deus. *"Faciamus hominem ad imaginem et similitudinem nostram"*; e a imagem deformada do homem é reparada pelo Filho de Deus, e superará a primeira em beleza pelo Espírito Santo, pela superabundância de graça.

Conclusão

do primeiro período,
isto é, meditação da Teologia do Pai Celeste

a) Nós viemos do Céu; caminhemos para o Céu; mantenhamos a via única e segura; se a perdemos, confessemo-nos; se já estamos sobre a reta via, aceleremos a corrida.

b) Nos Exercícios anuais, determina-se o programa anual; nos retiros mensais, desenvolve-se o programa ponto por ponto; nas confissões semanais, repara-se, recebe-se luz, força; nos exames de cada dia, verifica-se.

c) Para tornar-nos Santos, encarnar Deus em nós; é necessário que façamos a nossa parte: "nós com Deus", ou seja, Exame: anual, mensal, semanal, cotidiano; Meditação cotidiana; Direção espiritual e confissão, para avaliar o esforço.

"Donec formetur Christus in vobis."

Impresso na gráfica da
Pia Sociedade Filhas de São Paulo
Via Raposo Tavares, km 19,145
05577-300 - São Paulo, SP - Brasil - 2012